世界這麼旅
133

New Yorkers
紐約客的紐約
Guide You in
New York

作者／張懿文

New York

紐約印象之旅

1. 羅斯福島上的提琴女孩／2. 夏季紐約之「酒池肉林」／3. 小黃＋地下蒸氣排放管＝經典紐約景色／4. 文青巧克力店女孩／5. 皇后區長島市的無敵夜景／6. 包厘塗鴉牆的「相信」與「愛更多」／7.Bloomingdale's 百貨的鞋子樓層／8. 順著指標走到哥倫比亞圓環地下街／9. 麥迪遜公園的微笑雪人／10. 復活節遊行的美帽秀

1

紐約印象之旅

New York

2

4

5

6

7

8

紐約客的紐約

藝｜術｜紐｜約
紐約永遠逛不完的博物館
Art New York ———————————————— 014

美｜麗｜紐｜約
看紐約客如何讓自己的身、心、靈皆美
Beauty New York ———————————————— 030

i love new york
i love new york
i love new york

紐約的原力，定型了現在的我

　　有一回在曼哈頓搭公車，雖然是週間午後的非尖峰時段，萊辛頓大道卻意外地擁塞，原來是前方卡了雙排停車的快遞車，而十字路口另一端的水泥攪拌車占據了半個路面，車子一輛輛小心前行，眼看著就要輪到公車了，因為車道狹窄，公車司機開近快遞車時似乎有所猶豫，這時，後方一名男乘客按耐不住，大聲喊著「拜託，你可以的！」其他乘客也開始附和，說時遲、那時快，司機從夾縫中開出一條路，順利帶著大家通過擠成一團的路口，一時間，全車鼓掌叫好，我們也從後視鏡看到司機向大家揮手致意，突然有人冒出了一句：「Only in New York.」

　　紐約人會把這一類有些無厘頭、莫名其妙、哭笑不得的時刻、事件，甚至無法用常理判斷、歸納、分析的事情，就直接冠上「Only in New York.」意指也只有在紐約才會發生這種事，而且就是因為在紐約，任何事的發生不需要理由，但是一旦發生了，也因為在紐約，就可以直接合理化，無須多做解釋。

　　這就是紐約的神奇魔力，不需要特別尋覓，也很難予以定義，只要在此生活，就自然會被魔杖打到。即便只是在咖啡廳喝個拿鐵，都會聽到類似這樣的言談：「我覺得我來紐約前，都還在尋覓什麼、摸索什麼，而來紐約工作幾年後，紐約像是幫我做出了最後的成品，讓我有了現在的樣貌。」

　　我忍不住瞄了一眼這個被紐約定型的女孩，穿著襯衫、窄裙，背著托特包，年紀約莫30出頭，她和另外兩個差不多年紀的男女，顯然是附近剛下班過來喝杯咖啡的上班族，我替女孩高興，也謝謝她說出了我的心聲。

i love new york
i love new york
i love new york

來紐約這些年，經歷了人生的高低起伏，在地鐵上被搭訕認識了爵士音樂家前夫，浪漫的邂逅並無法保證相守到永遠，紐約高物價、高競爭的壓力鍋生活終究讓王子、公主分道揚鑣，也讓我看似一帆風順的人生被打入谷底。

在那段晦澀幽暗的日子裡，某次獨自走在人車熙攘的雀爾喜，突然被一種莫名的安全感所包覆，因為這裡沒有人認識我，也沒有人需要我多做解釋，我可以盡情地釋放悲傷，同時被全然地接受。

也因為這樣的失落，才有機會接觸到靜坐。當時我被《心碎的智慧》（The Wisdom of a Broken Heart)的書名及同名工作坊所吸引而報名上課，老師也曾經是心碎一地的過來人，我在下課後跟老師說，我現在像是走在黑暗隧道裡而且看不見出口，她給了我一個溫暖的擁抱說：「出口就在前方，相信我。」

果然，要聽過來人的。靜坐讓我在黑暗中點亮了一盞燈，透過修心也更加覺察自己的身體，與眾生連結。也從來沒有想過，資本主義之都也滋養我跑步、吃素，就像星際大戰裡的尤達大師說的「願原力與你同在」，而紐約的原力，定型了現在的我。

時隔多年修訂《紐約客的紐約》，不僅物換星移，我也幾經轉折，感謝太雅主動提出修訂的要求，才讓這本曾經備受好評的書得以全新面貌問世；感謝主編焙宜支持我在「美饌紐約」單元只介紹蔬食的要求，有更多免於成為盤中飧的動物因此間接受惠；感謝我的老友美編（也是太雅紐約旅遊書作者）阿忠不藏私的貢獻照片；感謝家裡的紐約客Marcus在我白天上班、晚上及週末趕稿期間把我餵飽、搞定；最後，要將這本獻給我在天堂的父親，他總愛在電話上問我最近有寫作嗎？可以給他看嗎？而最後一次通電話時，我說有寫啊，《紐約客的紐約》要更新了，雖然聽不到他的評語了，我想他會喜歡的。

張懿文

　　當年因為不知打哪兒來的執著，出社會10年後，憑著膽識跟勇氣踏上了紐約，一晃眼已在此度過了近人生三分之一的年頭，也不知不覺沾染了紐約客的習氣，可以和紐約我輩一起嫌地鐵、嫌天氣、嫌物價、嫌政客、嫌嘈雜，但是聽到外地人嫌棄地鐵髒亂時，連忙辯解說好歹也100多年了，鼠輩橫行也不過是紐約生活之日常。

　　為何喜歡上紐約，我左思右想沒有具體答案，因為愛恨紐約都不需要理由，坐擁世界級公園、博物館、建築、時尚、藝術表演的紐約，也有著街頭乞討的退伍軍人、專找遊客下手的騙徒、堆積如小山的垃圾；或許齒頰留香地踏出米其林餐廳，撲鼻而來的是街角的尿騷味，此時此刻，是愛，還是恨紐約呢？就只有等你來體驗了。

　　紐約大學出版中心碩士，Rouxbe廚藝學校專業蔬食課程證書、正念減壓（MBSR）師資培訓研習，做過英文老師、祕書、口譯、翻譯、紐約市府社會服務專員。跑過紐約馬拉松，愛吃、愛煮蔬食，有靜心、靜坐習慣，歡迎來臉書的「Mindful Eat & Run」粉專頁交流。

i love new york
i love new york
i love new york

編輯室提醒　全書幣別以美元計價。

出發前，請記得利用書上提供的Data再一次確認

每一個城市都是有生命的，會隨著時間不斷成長，「改變」於是成為不可避免的常態，雖然本書的作者與編輯已經盡力，讓書中呈現最新最完整的資訊，但是，我們仍要提醒本書的讀者，必要的時候，請多利用書中的電話，再次確認相關訊息。

資訊不代表對服務品質的背書

本書作者所提供的飯店、餐廳、商店等等資訊，是作者個人經歷或採訪獲得的資訊，本書作者盡力介紹有特色與價值的旅遊資訊，但是過去有讀者因為店家或機構服務態度不佳，而產生對作者的誤解。敝社申明，「服務」是一種「人為」，作者無法為所有服務生或任何機構的職員背書他們的品行，甚或是費用與服務內容也會隨時間調動，所以，因時因地因人，可能會與作者的體會不同，這也是旅行的特質。

新版與舊版

太雅旅遊書中銷售穩定的書籍，會不斷再版，並利用再版時做修訂工作。通常修訂時，還會新增餐廳、店家，重新製作專題，所以舊版的經典之作，可能會縮小版面，或是僅以情報簡短附錄。不論我們作何改變，一定考量讀者的利益。

票價震盪現象

越受歡迎的觀光城市，參觀門票和交通票券的價格，越容易調漲，但是調幅不大(例如倫敦)，若出現跟書中的價格有微小差距，請以平常心接受。

謝謝眾多讀者的來信

過去太雅旅遊書，透過非常多讀者的來信，得知更多的資訊，甚至幫忙修訂，非常感謝你們幫忙的熱心與愛好旅遊的熱情。歡迎讀者將你所知道的變動後訊息，善用我們提供的「線上回函」或是直接寫信來taiya@morningstar.com.tw，讓華文旅遊者在世界成為彼此的幫助。

太雅旅行作家俱樂部

Art New York

NY A-Z

藝|術|紐|約

在紐約，光是每天逛一個博物館都逛不完，更別說6大博物館都是「館中有館」。以大都會博物館為例，我進進出出過很多次，常常是逛完埃及館就已經人仰馬翻，更遑論他們除了永久館藏外，還三不五時有特展，所以逛博物館除了需要對藝術有熱情、有常識外，最需要的其實是體力。

如果只是想附庸風雅一下，博物館其實是高貴不貴的消費場所，大都會博物館、古根漢美術館、現代美術博物館所附設的紀念品店，不需要門票就可以進去逛幾可亂真的複製品、海報、卡片或是從畫中獲取靈感的飾品；同樣是血拼，逛博物館紀念品店，氣質就是不同。不然就是逛逛豪宅型的博物館，坐在設計博物館、弗列克美術館附設的Coffee Shop，夏天的時候漫步於戶外庭園中，想像自己是《唐頓莊園》中與風流倜儻紳士調情的雍容貴婦。

我的藝術家朋友忙於創作之餘，平常除了到藝廊參觀朋友的展出之外，博物館的作品也是攝取養分的來源，她說站在安迪沃荷（Andy Warhol）的巨幅作品前，才能感受到那種已經被我們當作習以為常的普普藝術影響力；而她本身的創作也是將平時人們隨手丟棄的糖果紙蒐集起來，串連成七彩飄逸的珠簾，因為藝術永遠來自生活中的染料，你可以盡情揮灑人生的畫布。

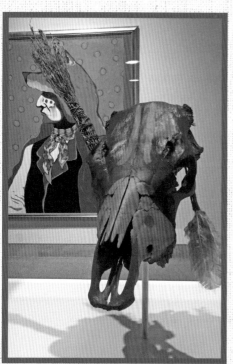

art ne y
art e
art new or

6大重量級博物館

大都會博物館
Metropolitan Museum of Art, The Met

- ✉ 1000 5th Ave(82nd St路口)
- ☎ (212)535-7710
- 🕐 週日～四10:00～17:30
  週五～六10:00～21:00
- 休 感恩節、聖誕節、元旦及五月第一個週一
- $ 成人票25元，學生票12元，12歲以下兒童免費，一票可逛The Met本館、The Met Breuer及修道院博物館(The Met Cloisters)
- ℹ The Met行之有年的建議票價目前僅適用於紐約州居民及紐約、康乃狄克、紐澤西州的學生，需出示證件或帳單
- ➡ 搭地鐵4、5、6、Q至86 St
- http www.metmuseum.org
- MAP P.273／E3

與倫敦大英博物館、巴黎羅浮宮、聖彼得堡隱士盧博物館並稱世界四大博物館的大都會博物館，雖然只有3層樓，但是每一間展覽室都奇大無比。最快上手的方法是到入口處的資訊台拿一張博物館導覽圖（Museum Plan），上面清楚列出當月的特展及新置入的展品。特展因為有時效性，所以如果看到有興趣的主題不妨先下手為強；另一方面特展的主題也多有話題性或更貼近生活，如「天體——時尚與天主教的想像」、「中國：鏡花水月」；前者在5個月的展期吸引了170萬人參觀，破了大都會40年來的紀錄，後者則請到王家衛當藝術總監，清朝的龍袍、明代的青花瓷、仿竹林光束與《臥虎藏龍》、《英雄》電影片段串場，歷史整個鮮活了起來。

如果你志在永久館藏，導覽圖上列出了每一個主題館的位置，以及簡單扼要的展出內容或藝術家名字及作品圖片，如「以法國浪漫主義、後印象主義為主的19世紀歐洲繪畫及雕塑，展出畫家包括竇加、馬內、塞尚、莫內、畢卡索、雷諾瓦、梵谷等，還有羅丹的雕塑。」如何，夠言簡意賅了吧？

art

　　我曾經參加過The Met的導覽，導覽員是念哥倫比亞大學藝術博士班的長腿姊姊，美得像希臘雕像，我問她，如果遊客來The Met在有限的時間內，該先看什麼？她說這的確滿難的，勉強要挑的話就先從「埃及館」開始吧！「19世紀歐洲館」也很強，尤其是印象派作品，如果還有力氣，「美國館」也不容錯過。

　　The Met 5樓的屋頂花園視野遼闊，還有吧檯開放，在夏日晚風中輕啜一口馬丁尼，當作逛完博物館給自己的犒賞吧！

自然歷史博物館
American Museum of Natural History, AMNH

✉ 1071 5th Ave(89th St路口)

☎ (212)769-5100

🕐 每日10:00～17:45

休 感恩節、聖誕假期

💲 博物館+天文館(不包含特展、大螢幕影片、太空秀)成人23元、學生18元、12歲以下11元

博物館+天文館(含特展、大螢幕影片、太空秀選一)成人28元、學生22.5元、12歲以下16.5元

博物館+天文館(含特展、大螢幕影片、太空秀)成人33元、學生27元、12歲以下20元

ℹ 以上皆為建議票價，可隨意付

🚇 搭地鐵B、C至81st St、或1至79th St

http www.amnh.org

MAP P.272／C4

光是3層樓高的恐龍化石及高掛空中50公尺長的藍鯨模型，就讓自然歷史博物館「探索全人類、全球文明以及地球完整歷史」的使命完成了一半，另外一半的任務就交給隔壁耗資210萬美金的海頓天文館（Hayden Planetarium）去完成。

除了恐龍跟藍鯨外，AMNH 5層樓塞滿了各式礦物、化石及海底生物，幾乎是每個紐約小孩校外教學必到之地；不過逼真的標本及部分燈光昏暗的展區，讓很多小孩不是當場被嚇到、就是回家惡夢連連，簡直比恐怖電影還恐怖。

海頓天文館則是截然不同的氛圍。金屬質感、大片大片的玻璃，巨大的球體高高在上，圍繞著太陽系的九大行星。整個天文館共有4層樓，分為「太空劇場」（Space Theater）、「大爆炸影院」（Big Bang）、「宇宙館」（Hall of Universe）、「宇宙步道」（The Cosmic Path）以及「地球館」（Hall of Planet Earth）等，彷彿經過這趟旅程的洗禮，就可以從地球公民晉升為宇宙公民。

海頓天文館的太空劇場擁有為該館量身訂做的投影機「Zeiss Mark IX」，力求在地球上打造浩瀚宇宙的環境。而自開館以來播出的影片，都是由好萊塢硬漢巨星為探索宇宙奧祕的影片配音，如《阿波羅13號》（Apollo 13）的湯姆漢克、《印第安那瓊斯》（Indiana Jones）的哈里遜

福特，到展現星球間蠻力碰撞《宇宙撞擊》(Cosmic Collision)的勞勃瑞福，現在則回歸到科學家獻聲，探討讓宇宙不斷擴張的暗黑能量《暗黑宇宙》(Dark Universe)的Neil deGrasse Tyson。

值得一提的是，操控整個投影系統的超級電腦，可是除了美國太空總署(NASA)以及大型的軍方實驗室外，規模最大的電腦；每秒鐘30次的定位，在三度空間中投射出所有星球及星雲在宇宙中的位置，其逼真的程度只能意會，不能言傳。

別看AMNH又是歷史、又是天文的，似乎很嚴肅，其實他們頗商業化，譬如幾乎每週六21:00～06:00都有到博物館過夜(Sleep Over)的活動，開放給6～13歲的小孩，一人150元還經常完售。天文館中那顆白天是太陽、晚上則是綻放炫藍光芒的球體，也是視覺焦點所在，《慾望城市》(Sex and the City, SATC)有一季首映會派對就在這裡舉辦，而其他恐龍館、藍鯨模型等展場也都開放辦活動，打上燈光的巨型化石也有了夜生活，AMNH甚至有專門配合的外燴業者，從雞尾酒派對到正式晚餐都包辦。

古根漢美術館
Solomon R. Guggenheim Museum

3

✉ 1071 5th Ave(89th St路口)

☎ (212)535-7710

🕐 週一、三、四、五、日10:00
～17:30，週二、六10:00～
20:00

💲 成人票25元，學生票18元，
12歲以下兒童免費，週六
17:00起門票為隨意付(只收
現金，最後售票時間19:30)
，建議票價為10元

➡ 搭地鐵4、5、6、Q至86 St

http www.guggenheim.org

MAP P.273 / F1

1959年開館時被譏為「奇怪形狀的大蘑菇」的建築，是大師萊特(Frank Floyd Wright)的代表作，因為整個建築並沒有窗戶，圓柱形建築物中間的鏤空設計，目的是為了讓樓頂天窗的光線流洩而下。

曾經有位韓國藝術家便利用中空的部分作為展場，作起了雷射燈光秀，配合多媒體藝術及嘩嘩的瀑布營造出頗為懾人的效果，在入口處買票就已經可以大飽眼福，這是我逛博物館經驗中最瞠目結舌的一次。

古根漢的館藏以現代抽象藝術為主，也有印象派、後印象派及攝影作品，我喜歡從頂樓一路逛下來，從圓弧形的動線遠望作品及觀畫者，是永不重複的流動風景。

惠特尼美術館
Whitney Museum of American Art

✉ 99 Gansevoort St (Washington St與10th Ave 間)

🕐 週一、三、四、日10:30～ 18:00，週五、六10:30～ 22:00

休 週二

$ 成人票25元，學生票18元， 18歲以下免費，週五19:00 起門票為隨意付

➡ 搭地鐵A、C、E、L至14th St/8th Ave

http www.whitney.org

MAP P.278／A1

　　惠特尼美術館的官網表示，他們的20世紀美國藝術蒐藏堪稱全球最具代表性，館藏包括以描繪美國經濟蕭條，畫風灰澀的愛德華霍普（Edward Hopper）；總是把花畫得極盡誇大之能事，讓人在驚嚇之餘不得不仔細看的喬治亞歐姬芙（Georgia O'Keeffee），以及普普藝術家安迪沃荷（Andy Warhol）等人的作品。

　　另外，惠特尼雙年展（Whitney Biennial）也是國際藝壇的盛事，雖然不得不承認很多作品有看沒有懂，但還是很尊敬那些語不驚人死不休的藝術家，可以運用各種媒介傳達他們的意念，還有像惠特尼這樣的美術館有獨特及寬廣的眼光賞識他們。

　　自從惠特尼從上東城搬到肉品包裝區（原址現在是大都會的Breuer分館）後，不僅展場空間擴充許多，全紐約最大的無梁柱展場逛起來就是爽，還會搭配音效將展覽立體化；而建築本身的工業風設計也和所在區域的氛圍無縫接軌，加上哈德遜河、高線公園（High Line）就在旁邊的戶外空間，以及兩間由紐約知名餐飲集團Union Square Hospitality Group掌廚的餐廳及Cafe，整體經驗已經超越單純的逛展。

現代美術館
Museum of Modern Art, MoMA

5

- ✉ 11 W 53rd St
  (5th Ave與6th Ave之間)
- ☎ (212)708-9685
- ⏰ 週日～四、六10:30～17:30
  週五10:30～20:00
- 💲 成人票25元、學生票14元、
  16歲以下免費、週五16:00
  ～20:00隨意付
- ➡ 搭地鐵E、M至5th Ave/53
  St；B、D、F至47-50th St/
  Rockerfeller Center
- http www.moma.org
- MAP P.275／E3

創立於1929年的MoMA，繼2004年耗資4億2千5百萬，由日本設計師谷口吉生操刀，將MoMA的展場擴充了兩倍，大片的落地玻璃讓每一層樓都可以俯瞰博物館的花園及中城街景；這一回爲了慶祝90週年，MoMA的創新不只是硬體上的更新，而是軟體的創新，根據其官網上所作的預告，2019年10月起，MoMA打破藝術品只能靜態觀賞的規矩，而是把不同形式、不同時期的藝術「混搭」展示，如經典與新銳作品並陳，肢體、聲光、互動的形式與展品對話等等，這對以一個展出現代藝術的美術館而言，如此的嘗試本身就是藝術的活化。

逛MoMA就像走進現代美術史的百科全書，各時期、畫風的大師被分門別類在個別的展覽間，如「畢卡索與立體主義」、「馬蒂斯與野獸派」、「梵谷、賽尚與後印象派」、「蒙得里安與抽象派」、「安迪沃荷與普普主義」，但不同於大都會博物館，每個展覽間都大到可以自成一館的設計，MoMA無阻隔的動線讓觀賞者自由穿梭於各大畫派間，讓《亞維農少女》、《星夜》、《Dance》、《瑪麗蓮夢露》直接觸動觀畫者的視覺神經。

布魯克林美術館
Brooklyn Museum of Art

✉ 200 Eastern Parkway Brooklyn

📞 (718) 638-5000

🕐 週三、五、週末11:00～18:00，週四11:00～22:00 第一個週六11:00～23:00

休 週一、二

💲 成人票16元，學生票10元(建議票價)，18歲以下免費 第一個週六17:00以後免費

➡ 搭地鐵2、3至Eastern Parkway/Brooklyn Museum

http www.brooklynmuseum.org

雖然位於曼哈頓的博物館多如牛毛，但位於布魯克林的布魯克林美術館其實是紐約第二大、全美第七大，創建於1895年。因為翻修門面時在原本的風格建築前加上了流線形玻璃門面，因此看起來現代感十足。

除了以埃及、非洲的收藏傲視群倫外（埃及收藏包括了色彩鮮豔的木乃伊外棺），布魯克林美術館還擁有為數不少的羅丹雕塑，甚至完整保存了荷蘭18世紀原尺寸的農莊建築，而1樓的展館則不定期有布魯克林及紐約其他地區當代藝術家的作品展，如近期的特展是以個性鮮明自畫像著稱的墨西哥畫家Frida Kahlo作品，包含第一次展出的她的個人用品、服飾等。

4 小精緻型博物館

設計博物館
Copper Hewitt, Smithsonian Design Museum

- ✉ 2 E 91st St (5th Ave路口)
- ☎ (212)849-8400
- ◷ 週一～五及週日10:00～18:00，週六10:00～21:00
- 休 感恩節、聖誕節
- $ 成人票18元，學生票10元，18歲以下免費(註：網路購票可便宜2元)，週六18:00以後免費
- ➡ 搭地鐵6至68th St.
- http cooperhewitt.org
- MAP P.273／F1

鋼鐵大王及慈善家卡內基先生（Andrew Carnegie）的豪宅、全美唯一專注於設計的博物館，深色木頭的牆壁及地板讓不少前衛的設計展在這兒看來充滿了反差效果。我曾經在這兒看過一個飯店設計展，他們把東京的膠囊旅館整個搬過來，還歡迎大家進去試躺！

為了讓參觀者留存逛展的記憶，隨門票附上全球第一枝創意科技筆，使用者可以用筆尖在互動的界面上依照指示創作，然後用筆的另一端輕點「十」字標記即可存檔，但記得要留下票根，因為只要從官網輸入票根上的代碼，即可看到所有留存的紀錄，包括創作及展品。

新當代藝術
博物館
New Museum

2

建築外觀就像六顆方糖疊疊樂，是由日本知名建築師妹島和世以及西澤立衛的SANNA，與紐約本地Gensler事務所設計，在周圍建築都是低樓層公寓的包厘街上看來有些突兀，但是作為前衛藝術的展場卻很剛好，展出作品或許有些讓人丈二金剛摸不著頭緒，換個角度想，只要有想法又勇於嘗試，可別太早否定自己的藝術家潛能啊！

✉ 235 Bowery
(Stanton St路口)

📞 (212)219-1222

🕐 週二、三、六、日11:00～
18:00，週四11:00～21:00

休 週一

💲 成人票18元，學生票12元，
18歲以下免費，週四19:00
以後隨意付

➡ 搭地鐵F至2nd Ave；J、Z
至Bowery St

http www.newmuseum.org

MAP P.280／C6

弗列克美術館
The Frick Collection
3

📧 1 E 70th St (5th Ave路口)

📞 (212)849-8400

🕐 週二～六10:00～18:00
週日11:00～17:00

🚫 週一、國定假日

💲 成人票22元,學生票12元,
10歲以下兒童禁止進入,週
三14:00～18:00門票隨意
付,每月第一個週五18:00
～21:00免費

➡ 搭地鐵6至68th St；Q至
72th St

🌐 www.frick.org

🗺 P.273／F5

這座美術館原先是鋼鐵大王Henry Clay Frick的豪宅,他在1919年過世前居住在此;以歐洲繪畫、東方地毯及法式家具精心將這間豪宅布置得古色古香,同時以個人的財力收藏了不少大師級的精品,如林布蘭特(Rembrandt)最後一幅的《自畫像》(Self Portrait)、哥雅(Goya)深沉的《鐵工廠》(The Forge)、維美爾輕描淡寫的《軍官與微笑少女》(Officer and A Laughing Girl)等。

修道院博物館
The Met Cloisters
4

📧 99 Margaret Corbin Drive
Fort Tyron Park

📞 (212)923-3700

🕐 每日開館
3～10月10:00～17:15
11～2月10:00～16:45

🚫 感恩節、聖誕節、元旦

💲 見P.16大都會博物館

➡ 搭地鐵A至190th St,再轉
M4公車到Fort Tyron Park

🌐 www.metmuseum.org/cloi
sters

大都會博物館的分館,以歐洲中古藝術為主,最有名的收藏,就是那幅編織於1500年、來自布魯塞爾的《獨角獸織錦畫》(Unicorn Tapestries)。其實修道院的建築本身就是中古藝術的代表,如中央修道院(Central Cloister)的羅馬式拱廊,整個建築結合了5個位於法國12世紀的哥德式及羅馬式修道院造型。漫步於迴廊間,只有光影的移動提醒你時間的流逝。

為了徹底營造出中古世紀的氛圍,連中庭花園中所種的植物也是中古世紀用作食材或藥材的花草。而博物館也遠離塵囂,位於北曼哈頓奇岩巨石的「FortTyronPark」,請務必搭地鐵轉公車來體會苦行僧遺世獨立的生活。

6個專門型博物館

美洲印地安人博物館
National Museum of American Indians

- ✉ 1 Bowling Green
  (Whitehall St與State St間)
- ☏ (212)574-3700
- ⏰ 週一～三、五、週末10:00～17:00，週四10:00～20:00
- 休 聖誕節
- $ 免費
- ➡ 搭地鐵4、5到Bowling Green；1到South Ferry；R到Whitehall St；2、3到Wall St
- http americanindian.si.edu/visit/newyork
- MAP P.284／D5

位於下城金融區，原本是美國關稅局，建築本身極有氣勢，博物館的展出一如館名，展出美洲各地印地安人的歷史、生活型態、工藝等；除了上述的永久館藏外，也有與印地安文化相關的特展，最近看到的是英年早逝印地安藝術家T.C. Cannon的作品，頗有荒野一匹狼的孤寂感。

時尚博物館
The Museum at FIT

- ✉ 7th Ave (27th St路口)
- ☏ (212)217-4558
- ⏰ 週二～五12:00～17:00
  週六10:00～17:00
- 休 週日、週一、獨立紀念日、感恩節、聖誕節、元旦
- $ 免費
- ➡ 搭地鐵1、R至28th St
- http www.fitnyc.edu/museum
- MAP P.276／D3

紐約唯一以時尚為主的博物館，附設在知名時尚設計學校「Fashion Institute of Technology」中。

移動影像博物館
Museum of
Moving Image

- ✉ 36-01 35th Ave (37th St路口), Astoria, Queens
- ☎ (718)777-6888
- 🕐 週三～四10:30～17:00，週五10:30～20:00，週末10:30～18:00
- 休 週一、週二
- 💲 成人票15元，學生票11元，3～11歲9元，3歲以下兒童免費，週五16:00以後免費入場
- ➡ 搭地鐵 R、M 到Steinway St N、W 到36th Ave
- http www.movingimage.us

雕塑博物館
The Noguchi
Museum

- ✉ 9-01 33rd Rd (Vernon Blvd路口), Long Island City, Queens
- ☎ (718)204-7088
- 🕐 週三～五10:00～17:00 週末11:00～18:00
- 休 週一、週二、感恩節、聖誕節、元旦
- 💲 成人票15元，學生5元，12歲以下兒童免費，5～9月每個月第一個週五全日免費，開館時間延長至20:00
- ➡ 搭地鐵 N、W 到Broadway
- MAP www.noguchi.org

建築前身就是攝影棚的移動影像博物館，致力於保存、推廣電影、電視及數位媒體，固定的展覽包含了拆解電影幕後製作的《螢幕之後》(Behind the Screen)，印象最深刻的是配樂及音效，如果恐怖片沒有精密計算何時出現的音效還真是恐怖不起來。另外也有熱門影集的特展，如奪下好幾座艾美獎的《廣告狂人》(Mad Men)，展覽把片中1960年代的廚房、客廳、辦公室連文具全搬來展出！

由美日混血雕塑家野口勇(Isamu Noguchi)設計的雕塑博物館，在充滿禪意的空間中展現現代雕塑之美。博物館中種滿了櫻花樹、竹子、常春藤，穿插著雕塑的冥想花園，有著沉潛、靜謐之美。

紐約市博物館
Museum of City of New York

- 📧 1220 5th Ave
  (103rd St路口)
- 📞 每日10:00～18:00
- 🕐 (212)534-1572
- 休 感恩節、聖誕節、元旦
- 💲 成人票18元,學生票12元(
  建議票價),19歲以下免費
- ➡ 搭地鐵6至103rd St
- http www.mcny.org
- MAP P.271／F4

因為不大所以很好逛的博物館,如果想進一步了解不為人知的紐約,如「病菌紐約——紐約與傳染病搏鬥」、「單車紐約——200年單車史」等,來這兒不會讓你失望。

摩根圖書館&博物館
The Morgan Library & Museum

- 📧 225 Madison Ave
  (36th St路口)
- 📞 (212) 685-0008
- 🕐 週二～四10:30～17:00
  週五10:30～21:00
  週六10:00～18:00
  週日11:00～18:00
- 休 週一、感恩節、聖誕節、元旦
- 💲 成人票22元,學生票13元,
  12歲以下兒童免費,週五19:00以後免費
- ➡ 搭地鐵B、D、F、N、R、Q
  至34th St
- http www.themorgan.org
- MAP P.277／F1

在資本主義之都,雖然早已被紐約富豪們的有錢程度洗禮到見怪不怪,但首次走進「摩根圖書館暨博物館」下巴還是差點掉下來;金碧輝煌的建築不是重點,而是裡面的藏書量之豐,外加珍藏貝多芬、莫札特、林布蘭特、海明威等珍貴手稿,多數是金融家摩根史坦利先生的個人收藏,銅臭淨化為書香。

NY A-Z

Beauty
New York

美|麗|紐|約

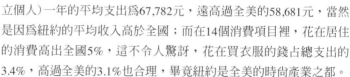

捨得花錢，但要花得精

紐約人有多愛美，有多願意投資在自己身上，從數字就可以看得出來，根據美國勞工部的勞工統計局2018年所發布的數字，大紐約地區每一戶（包含家庭及獨立個人）一年的平均支出為67,782元，遠高過全美的58,681元，當然是因為紐約的平均收入高於全國；而在14個消費項目裡，花在居住的消費高出全國5%，這不令人驚訝，花在買衣服的錢占總支出的3.4%，高過全美的3.1%也合理，畢竟紐約是全美的時尚產業之都。

而個人保養產品、服務的花費則差距不大，全美是1.3%，紐約是1.2%，有趣的是，紐約人花在含酒精飲料、健康保險、香煙產品的支出都遠低於全美平均，連食物的支出11.3%也低於全國的12.7%；而另一個遠低於全國的則是交通支出，紐約只占了11.7%，全美則

是15.9%，因為紐約人都搭大眾運輸，不需花錢買車、養車、付車險。但花在教育的支出占了4%，遠高於全美的2.4%。

統計局並沒有進一步針對數據進行分析，以我的解讀，紐約人因為競爭激烈，就算出校門就業之後，還是得不斷地充實自己，內外兼修才不會被淘汰；另外因為搭地鐵多少得走路、爬樓梯，比起以汽車代步的多數美國人自然多了些運動量，身

體健康，花在健康保險的錢也少些，倒是酒精、香煙的支出
低頗令我訝異，原以爲壓力大會需要買醉、吞雲吐霧，看來
紐約人自有一套紓解之道。

有效又廉價的奢華享受——指甲沙龍

　　也無怪乎經濟實惠又可以享受一級恩寵的指甲沙龍（nail
salon）可以在紐約一家接一家開，指甲店的店家數在某些熱
門商圈的密集度已經夠嚇人了，更誇張的是幾乎每一家都客
滿，雖然仍以女性客人爲主，但男性客人的數量也從以往的
屈指可數到現在的1:4。

　　直到有一回我也奢侈一下做了一次指甲，終於可以理解到
爲什麼指甲店可以開成這樣，因爲那是種「廉價的奢華」，
只要25～35元（不含15～20%的小費或特殊造型），就有專人爲
你奉茶、搓腳、按摩、修剪指甲、上指甲油、做指甲造型，
從頭到尾唯一要傷腦筋的，就是從上百種顏色及指甲造型中

選出速配的。相信我，雖
然只是在指甲上「動動手
腳」，但從指甲沙龍走出
來時，全身的性感細胞都
活躍了起來。

排毒從裡到外的水療及桑拿

但是光是「動動手腳」是無法清理累積在身體的壓力及毒素，這時就需要靠高熱及水力來排解，紐約這座移民城市的好處就是大家都把家鄉的生活方式帶來，因此土耳其蒸氣浴、俄羅斯桑拿、韓式水療一應俱全，而且不道地都不行，因為去捧場的很多都是同鄉，例如我去過位於布魯克林的俄羅斯澡堂，老板是俄國人，客人也是。

俄羅斯桑拿的特色是溫度很高，攝氏93度的高溫對於一開始不習慣的人來說簡直快被烤暈了，這時可以到冷水池浸一下降溫再繼續烤；土耳其蒸氣浴則是先透過乾的熱氣發汗，再直接用水桶潑水到身上，順便搓揉掉皮膚角質，這樣一熱一冷再加上搓揉，隔天洗完後皮膚甚至都光滑如絲綢。

值得一提的是，俄羅斯桑拿裡還會提供「Platza療程」，工作人員會用浸過水一捆橡樹葉（Venik）的器具拍打身體，據說這樣除了可以排毒、去角質還能抒壓，看他們費力地拍打，樣子很像在驅魔。雖然也是有道地的東歐餐點，不過這些「澡堂」的設施都很基本。

相較來說，韓式的水療走的是SPA路線，譬如說位於中城東的Premier 57，第一次去時完全想像不到在辦公大樓裡竟然會有3個樓層全服務的SPA，偌大的水池有各部位的水柱按摩點，桑拿室門口有標示溫度，其中包含一間喜馬拉雅鹽洞及零度以下的冰窖，最讚的是有屋頂露天按摩池，在摩天大樓群裡泡澡很超現實。供餐則以韓式料理及果昔為主，因為SPA裡還有「睡眠間」及「冥想間」，要在這兒放空一整天都不是問題。

學習傾聽身體的瑜伽

雖然瑜伽並不只是拉筋、伸展，而是包含心靈的修煉，然而身體的改變是最容易覺察到的，所以這些年除了瑜伽教室蓬勃發展外，健身房幾乎也都加入了瑜伽課程。有很長一段時間，我都是在健身房上瑜伽課，一方面健身房價格比瑜伽教室便宜，更主要的是我很幸運碰到不是把瑜伽當成體操在教的老師，他總愛說如果覺得自己體位做得不夠好，「不要批判身體，只要改變姿勢」。

每年5～9月，紐約很多公園都會有戶外的瑜伽課程，其中最受歡迎的莫過於布萊恩公園（Bryant Park）及展望公園（Prospect Park）的瑜伽，兩者都免費，前者還提供瑜伽墊，所以很多人都會下班直接過來。數百人齊OM（梵文，宇宙之音的意思）與呼嘯而過的消防車汽笛齊鳴，或是在大樹環繞的草坪做「樹式」，這些都是很紐約的瑜伽體驗。

沉澱思緒的必要心靈課程

　　顧好了身體，心靈更是不能缺乏，這幾年隨著「正念減壓」（Mindfulness Based Stress Reduction，MBSR）及各門派的佛教在西方遍地開花，冥想、呼吸、靜坐的各類課程遍布紐約，很多瑜伽教室也加入了靜坐練習。基於不少人對宗教還是有所顧忌，因此不少教室標榜他們是非宗教性的，只是將靜坐的練習從佛教中擷取出來，空間明亮、舒適，沒有宗教色彩，讓人一走進去就放鬆不少，其中MNDFL就是走這樣的路線，短短幾年就開了3家，除了靜坐的課程外，也有呼吸、慈悲心、咒語等課程。

　　看著網路上很多人對冥想中心的評價是「靜坐改變了他們的生命」，這點我絕對可以以第一人稱具名背書，在我人生最低潮的時候接觸到香巴拉的靜坐課程，當時對於來自東方的法門，卻吸引了一整間教室的西方人感到很不可思議，由於很多西方老師都有心理學背景，他們將觀想與情緒的起伏結合，以現代人的語彙詮釋2,500年的佛陀教導，讓原本以為只有吃齋唸佛的修行有了全新的觀感。原來，即便在行速匆匆、急功近利的城市裡，只要抬頭仰望天空，就能與「大我」連結，回到本來無一物的菩提心。

內在美的修行非關宗教，非關信仰，
只是身處於紙醉金迷資本主義之都的紐約客，
更渴望找到心的方向。

指甲沙龍、SPA 及冥想、瑜伽中心推薦

Chillhouse

巧妙結合咖啡店與指甲店的經營模式，邊做指甲邊啜拿鐵不用多解釋了吧！

✉ 149 Essex St (Stanton St 與Livington St間)

☎ (646)678-3501

MAP P.281/E6

Hortus Nailworks

彷彿走進了溫室般，滿滿綠意，除了做指甲外，如果選擇招牌服務Hortus Signature，還會用有機橄欖油成分修復指甲角質層。

✉ 210 Forsyth St (Stanton St 與E Houston St間)

☎ (917)475-1558

MAP P.280/C6

Sakura Nail & Spa

一對日本姊妹在日本開設三家店後來到紐約，裝潢走日式極簡風。

✉ 35 E 1st St (1st Ave與2nd Ave間)

☎ (212)387-9161

MAP P.280/C5

Sweet Lily Natural Nail

以薰衣草、蜂蜜、榛果、熱可可等天然素材呵護手腳指甲。

✉ 222 W Broadway (North Moore St及Franklin St間)

☎ (212)925-5441

MAP P.282/B4

MNDFL

在西村、上東城、威廉斯堡各有一間教室，可在網路上預約課程。

http www.mndflmeditation.com

New York Insight Meditation Center

雖然起源於佛教傳統，走進Insight t Meditation Center並沒有什麼宗教色彩，由經驗豐富的老師帶領靜坐。

✉ 28 W 27th St, 10F (Broadway與6th Ave間)

☎ (212)213-4802

http www.nyimc.org

MAP P.277/E3

Integral Yoga Institute

除了教授傳統印度瑜伽，也有中午及傍晚的冥想時段，以及梵唱活動。

✉ 227 W 13th St (7th Ave與8th Ave間)

☎ (212)929-0585

http www.iyiny.org

MAP P.276/C6

Yoga to the People

在紐約有5間教室，以流瑜珈(Vinyasa Flow)及熱瑜伽為主，課程採捐獻制(建議$10)。

http www.yogatothepeople.com

Russian Baths on Neck Road

✉ 1200 Gravesend Neck Rd, Brooklyn(E 13th St與Sheephead Bay Rd之間)

☎ (718)332-1676

http russianbathofny.com

Premier 57

✉ 115 E 57th St, 8F (Park Ave與Lexigton Ave間)

☎ (718)321-2715

http premier57.com

MAP P.275/G2

Cinema New York

電｜影｜紐｜約

我住的地方是很安靜的住宅區，鄰居雖不熟識但也會點個頭，前一天才打招呼的俄羅斯高瘦男子住處，突然被警察包圍，隨後更有全副武裝的反恐部隊跟進，我從門洞張望不知所以然，接著有警察敲門問我是否認識鄰居，原來他在裡面鬧自殺，前妻打電話報警；經過一整天的心戰喊話，警察最終破門而入，終究為時已晚，男子被擔架抬走，血跡一路滴下樓，現場一度封鎖。在紐約生活，已經不需要靠電影來提醒我們紐約生活有多刺激，因為我們就住在電影裡面，伍迪艾倫、史派克李只是比我們更會說故事。

也無怪乎紐約雖然沒有好萊塢的星光熠熠，卻有著無數家裡蹲、端盤子、打零工的劇作家、導演、演員日復一日地在夾縫裡求生存，期待有朝一日被發掘的生活。即便是紐約大學電影製作碩士的李安，也曾有長達6年的時間在家當煮夫、寫劇本。當然李安後來成為國際名導，也因為那6年的沉潛（其實是給老婆養）磨練出他的細膩與堅韌，這些都化為他日後電影的養分。

　　李安畢竟只有一個，撐不下去的人只能用「那美好的仗我已經打過」來自我安慰，或是走進電影院花個15元進入120分鐘異次元的人生。相對於紐約其他娛樂的消費（百老匯一張票百元起跳），電影算是可負擔的娛樂，但是面對串流影音Netflix、Amazon Prime等以1個月不到10元可以無限看的價錢來說，電影的確也面臨到嚴峻的挑戰，也無怪乎大型單廳戲院無法存活，連一向是下東城文青集散地的Sunshine Landmark Theater，也不敵當地高房價轉戰中城西邊。

　　也因如此，現存的戲院必須另尋出路，老字號的林肯中心Film Society從1963年開始至今，每年9月都有「紐約影展」（New York Film Festival），許多外語片會選擇在此進行全美首映，平常也有向經典導演致敬的迷你影展，讓我有機會在大螢幕一睹當年文青時只能從投影機上看到的──俄羅斯導演塔可夫斯基的《潛行者》（Stalker），那個週末午後我從暗黑的戲院走進上西城的光天化日，恍如隔世。

　　其他的獨立戲院即便沒有主題影展也會三不五時上映經典老片（連80年代的片子都是老片了），Film Forum曾經播過溫德斯的《慾望之翼》（Wings of Desire），老片重播竟然也可以完售；主流影院也不遑多讓，標榜可以一邊觀影一邊用餐的Alamo Drafthouse Cinema，也趁著農曆新年上映成龍《警察故事》系列，而這家戲院的餐不是熱狗、爆米花、汽水，而是漢堡、現烤餅乾還有30種啤酒。

cinema new york

　　獨立戲院除了依然播放藝術及外語電影，在軟、硬體也更多元、舒適，如搬到中城的Sunshine Landmark Theater，雖然沒有了歷史建築但是椅子更舒適還有酒吧；位於下東城兩層樓空間的Metrograph則是將觀影經驗極大化的戲院，2樓餐廳標榜模仿好萊塢黃金年代（Golden Age），影星與工作人員在片場共同用餐的概念，一旁則有書店專售電影相關的書籍、期刊，樓下戲院雖然只有兩廳，但是選片、主題企劃都很另類，譬如以伊斯坦堡街貓為主角的紀錄片《愛貓之城》（Kedi）（Kedi為土耳其文「貓」的意思）僅此一家上映，我也是因為追片才第一次來到Metrogrpah，而這裡週四、五、六的晚場系列標榜怪奇主題，譬如說日本動畫《攻殼機動隊》，連周星馳的《食神》也赫然出現過。

只能說在紐約，什麼都不奇怪。

拍片現場會看到公告，通常是禁止停車

電影院推薦

紐約電影票價$15上下，多數沒有劃位，所以請提早入場選好位。

Angelika Film Center & Cafe

位於SoHo，1989年開幕，是至今仍以獨立、外語電影為主的藝術影院。

✉ 18 W Houston St (Mercert St路口)
☎ (212)995-2570
➡ 搭地鐵B、D、F至Broadway Lafayette
🗺 P.279／H5

Anthology Film Archive

位於東村，1970年開幕，以保存、修復、展演前衛、實驗性電影為宗旨。

✉ 32 2nd Ave (2nd St路口)
☎ (212)505-5181
🗺 P.280／C5

Village East Cinema

位於東村，建築本身是紐約最後一座猶太式劇院，每週一播放音樂劇電影。

✉ 181-189 2nd Ave (12th St路口)
☎ (212)529-6998
🗺 P.280／C1

Quad Cinema

位於格林威治村，紐約第一家小型多廳戲院。

✉ 34 W 13th St (5th Ave與6th Ave之間)
☎ (347)566-5949
🗺 P.279／F1

IFC Center

位於格林威治村，座椅舒適的藝術影院。

✉ 323 6th Ave (W 4th St路口)
☎ (212)924-7111
🗺 P.279／E4

Metrograph

✉ 7 Ludlow St (Canal St與Hester St之間)

➡ 搭地鐵F至East Broadway
🗺 P.283／H3

Film Forum

✉ 209 W Houston St (6th Ave路口)
➡ (212)727-8110
🗺 P.279／E6

The Landmark

✉ 657 W 57th St (12th Ave路口)
☎ (646)233-1615
➡ 搭地鐵N、R、Q到57th St
🗺 P.274／A2

Alamo Drafthouse Cinema

✉ 445 Albee Square W, Suite 4-400 (Willoughby St與Gold St之間)
➡ 搭地鐵B、D、Q、R到Dekalb Ave

Walter Reade Theatre

✉ 165 W 65th St (Broadway與Amsterdam Ave間)
➡ 搭地鐵1、2至66th St
🗺 P.274／B1

Culture
New York

文|化|紐|約

浸泡在圖書館藏中
也是種奢侈

在台灣的時候上圖書館不是爲了K書就是借書，在紐約變成了逛圖書館，買紀念品，因爲紐約的圖書館本身就是一本充滿故事的書，從門口開始就是風景。

　　尤其是紐約圖書館位於中城第五大道的總館，布雜藝術（Beaux-Arts）風建築門口坐鎮的雄獅也是圖書館的標誌，《慾望城市》電影凱莉與Mr. Big在3個閨蜜的祝福下，在白色大理石大廳完婚，因爲凱莉說這裡是「坐擁所有最棒愛情故事的紐約經典地標。」（The classic New York landmark that housed all the great love stories.）

　　走進圖書館拾階而上3樓，眼睛很難不被天花板的壁畫吸引，以爲走進了教堂還是博物館，再往裡走到羅斯閱覽室（Rose Main Reading Room，一般譯爲玫瑰閱覽室，不過Rose夫婦是慷慨捐助翻修閱覽室的慈善家）更是美不勝收，面積約有足球場大的閱覽室沒有廊柱，高掛的水晶燈更顯高貴，不管是紐約客還是遊客都可以隨意進出，有空位就坐下沾染書香（雖然大部分人都在用筆電）。

culture new york culture new york culture new york

紐約圖書館創立於1895年，歷經16年的建設於1911年正式開幕，是世界上第三大的公共圖書館系統，藏書上百萬，其中包含了重量級的古騰堡聖經（第一本以活字印刷術印製的主要書籍），及牛頓的《自然哲學的數學原理》（Mathematical Principles of Natural Philosophy），而童書部門則蒐藏小熊維尼創作原型的玩具熊。

除了總館之外，在紐約還有92個分館，總蒐藏量高達5千萬件（包含影音），其中著名的主題分館包括位於林肯中心旁的表演藝術圖書館（收藏了德布西作品《蝴蝶》的簽名手稿以及各類影音）、位於中城五大道的商業圖書館等；而位於格林威治村，前身為法院的Jefferson Market分館則以維多利亞哥德式建築吸引大眾目光，矗立的鐘塔一直是顯著的地標，室內的彩繪玻璃也頗雅緻。

布魯克林則有自己的圖書館系統，創立時間只比紐約圖書館晚了1年，位於布魯克林博物館與展望公園之間的總館，雖然不像紐約總館有明星加持，其裝飾藝術Art Deco風，建築風格如展開的一本書也頗有看頭，尤其是高達15公尺的入口，上有15個銅雕分別代表15個美國文學中的角色與作者，兩旁的柱子則有象徵藝術與科學演進的藝術，進門前可別忘了先瞻仰一番。

紐約市立圖書館總館
New York Public Library
- ✉ 476 5th Ave (42nd St路口)
- ☎ (917)275-6975
- 🕐 週一、四、五、六10:00～18:00，週二、三10:00～20:00、週日13:00～17:00
- ➡ 搭地鐵**B**、**D**、**F**、**7**至42nd St-Bryant Park
- http www.nypl.org（可查詢各分館資料）
- MAP P.275／E6

布魯克林圖書館總館
Brooklyn Public Library
- ✉ 10 Grand Army Plaza
- ☎ (718)230-2100
- 🕐 週一～四09:00～21:00，週五～六09:00～18:00，週日13:00～17:00
- ➡ 搭地鐵**2**、**3**至Eastern Park-way

Dining
New York
美｜饌｜紐｜約

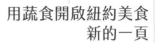

以前的我是無個肉不歡的老饕，據朋友的描述是「邊吃肉邊笑」的滿足樣，也帶著朋友吃遍多汁漢堡、厚肉牛排等，一直到我開始接觸修行，學習靜坐，每次結束前唸迴向文「May all beings enjoy profound brilliant glory.」（願眾生同享深刻、光輝的榮耀。）唸著唸著，看著陪伴我多年的毛小孩Yoda，我驚覺到所謂的眾生不是只有人類，而是所有有血、有肉，母親懷胎、產卵生下的孩子，豬、牛、羊、雞、鴨、魚和狗狗、貓貓，我們所謂的寵物並無不同，只是很不幸前者被標籤為「經濟動物」，出生就註定送死。

當時我也無法一夜翻盤不吃肉，採取的是漸進式，讓紅、白肉漸漸淡出飲食選擇，原以為從此只能吃草、素肉，沒想到卻開啟了更廣闊的世界，開發出無數過往從未嘗試的新食材及菜色，而很幸運的是，這幾年環保、健康意識抬頭，紐約的「蔬食餐飲」（Plant Based Diet）餐廳雨後春筍般冒出，還有許多即便不是蔬食餐廳，也都有全素（Vegan）菜單的選擇，改變紐約給人只有「漢堡、熱狗、牛排」的印象，藉此機會我也大膽地單只介紹全素或是有蔬食選項的餐廳，當然也感謝主編的支持。

價位標示

價錢包含前菜、主菜，不含飲料、稅及小費。
$$$　40元以上
$$　20～40元以上
$　20元以下

Wendy Chen
—— 30歲，餐飲工作經驗 12 年

問到Wendy大學科系及為何會走上餐飲這條路，Wendy說她念過設計也念過電影都畢不了業，她從18歲開始就瘋狂打工，從吧檯、外場開始，做了4、5年覺得時間到了，決定來挑戰一下，先在日式食堂包飯團，又發現外面的世界很大，應該到外面看看，便應徵了西餐工作；又因為先生的鼓勵及陪伴，把牙牙學語的女兒一起帶來紐約念自然美食學院(Natural Gourmet Institute, NGI。現已成為Intitute of Culinary Education下的自然美食中心)。600小時的主廚訓練課程(Chef Training Program)，畢業的必要條件之一是要完成餐廳實習，Wendy在紐約知名廚師Jean Georges旗下的蔬食餐廳abcV實習期間表現優異，讓餐廳以訪問學者簽證的方式邀請Wendy到餐廳工作，這在人才濟濟的紐約來說是莫大的肯定！

「我喜歡在團體中超越別人」，好勝的Wendy認為這是她在廚房工作最大的驅動力，但是在abcV每個Brunch時段可以賣出300份餐點的高壓環境裡，Wendy還是嚐盡了苦頭，因為商業廚房大到像迷宮，找一個椰子油也可以像是尋寶，更別說面對來自各國不同口音、各式文化的同事，適應期變得很長，「有一次清早上班走向7號地鐵站，邊走邊想哭，沒想到這麼苦。」

這麼苦的代價是有機會為名人做菜。有一天午餐主廚請Wendy做口味微辣的胡蘿蔔，然後神祕兮兮的問妳知道這是要做給誰的嗎？Wendy專心做菜中隨口回說誰？「For God! Paul McCartney!」不知道就罷了，一知道是要做給偶像反而更緊張，還好依然順利出菜。

倒是有一回因為攪拌機沒有栓緊，辛苦做的醬料頓時汁流成河，清潔工連忙來拖地，或許廚房什麼狀況都見過，主廚只問Wendy如果要重做需要多久，Wendy回說30分鐘，主廚就交待前檯暫停出這道菜，讓Wendy專心重做。Wendy說主廚人很好，完全不像電視上演的那種火爆罵人型，80%的正向，雖然有時是她自己心裡暗自飆髒話。

當初Wendy會轉吃蔬食是為了調養身體，5年前她感覺很虛弱、很容易疲倦，無法工作，吃藥無效幾乎要放棄的時候，得到指點要調整飲食，原來是免疫系統的問題，一開始先是發疹子排毒，接下來皮膚變好了，精神狀況也好轉。

紐約的蔬食選擇相當多，Wendy說Eataly(見P.47)的蔬食無麩質(Gluten Free)Pizza意外好吃；Butcher's Daughter(見P.54)的Nacho's，熱騰騰的牽絲起司美味無比；加州來的Ramenhood用葵花子熬煮的白湯很濃郁；by CHLOE(見P.54)的溫沙拉很飽足。

左下角的唯一東方女生就是 Wendy

法式料理

French Cuisine

　　法國料理給人一種高不可攀的形象，光想到如何點菜頭就痛了起來，更甭提那些繁文縟節了。在紐約，畢竟法國菜也是舶來品，許多法式餐廳設計了3道菜的套餐(Prix Fixe)，從開胃、主菜、甜點，各有2種選擇，讓客人省去不少點菜的麻煩；再講究一點的餐廳，則有「主廚推薦菜單」(Tasting Menu)，一口氣品嘗5道主廚的拿手好菜（通常包括2道開胃菜、2道主菜及甜點）。

Avant Garden

✉ 130 E 7th St (Ave A路口)
☎ (646)922-7948
🕐 週日～四17:00～22:45，週五～六17:00～23:45
💲 $$$
➡ 搭地鐵**F**到2nd Ave
🅜🅐🅟 P.281／E3

　　久聞這家位於東村的純素餐廳，將蔬菜處理到征服肉食者味蕾，和朋友相約晚餐那晚，紐約冰天雪地，沒想到餐廳卻高朋滿座，昏暗的空間以燭光為照明，無怪乎是約會首選。

　　菜單方面相對簡單，有各式配料的烤厚片麵包（菜單上是Toast），也有不同菇類的主菜，侍者推薦我們兩人各點兩種，我們很快就決定試試平常自己不太會處理但營養的舞菇(Hen of the Woods)、從來沒吃過的菊芋(Sunchoke)，還有聽起來很有趣的組合：酪梨味噌脆米。

　　結論是，每一樣都很有趣，沒有過多的調味掩蓋蔬菜原味，口感厚實有嚼勁。後來因為和朋友聊得太盡興，後面訂位客人來需要併桌，侍者把我們移到吧檯還招待點心致歉，一時還滿訝異這樣的誠意，而且坐吧檯還可看到開放式廚房，有興趣觀賞製作料理的人，訂位時可選擇吧檯喔！

Delice & Sarrasin

✉ 20 Christopher St (Gay St與Waverly Pl間)
☎ (212)243-7200
🕐 每日10:00～22:00
💲 $$
➡ 搭地鐵 A、E、B、D、F、M 至 West 4th St；或 1
到 Christopher St/Sheriden Sq
http www.delicesarrasin.com
MAP P.279／E3

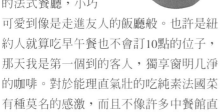

這家位於西村的法式餐廳，小巧可愛到像是走進友人的飯廳般。也許是紐約人就算吃早午餐也不會訂10點的位子，那天我是第一個到的客人，獨享窗明几淨的咖啡。對於能理直氣壯的吃純素法國菜有種莫名的感激，而且不像許多中餐館直接用各式素肉搞定菜單，Delice＆Sarrasin 萃取豌豆蛋白加上甜菜根，搭配原本處理葷食的調味。此次點的是生牛肉排

（Steak Tartare）讓就算吃素但偶爾想念肉感的我吃得很爽快，而牛排配薯條本來就是法式經典早午餐菜色。

Delice是好吃的法文，而Sarrasin則是製作法式鹹可麗餅（Gallete）的蕎麥麵粉，我們當然不能錯過招牌鹹可麗餅，因為是蕎麥麵粉做的，比起小麥麵粉多了些韌性，深邃的棕色也多了些神祕感，一刀切下，腰果起司與菠菜滿溢，入口滑順。在蔬食界，用堅果奶取代動物性奶來做起司的技術也是與時俱進，挑嘴的人會覺得還是少了乳脂香濃，但是堅果的油脂多了份溫純的香氣。

鬆餅也是早午餐不可或缺的。一樣的，製作鬆餅的牛奶由杏仁奶取代，由椰奶打泡的鮮奶油散發著椰香，搭配濃醇香的榛果醬，新鮮草莓的酸甜完美平衡了這道看似再也平常不過的鬆餅。

其實Delice & Sarrasin的午餐、晚餐菜單也頗精采，傳統法式家常菜油封雞、燉菜、煎鴨胸肉等也獲得不少好評，可得找機會去嘗嘗。

Jean Goerges

✉ Central Park West (60th St與61st St間)
📞 (212)299-3900
🕐 **Main Dining Room**／午餐：週一～五11:45～
14:30；晚餐：週日～四17:30～22:00，週五～六
17:00～23:00
Nougatine／早餐：週一～五07:00～10:45，週
末08:00～10:30；午餐：週一～六11:45～14:30
，早午餐：週日11:45～15:30；晚餐：週日～四
17:30～23:00，週五～六17:00～23:00
💲 $$$
➡ 搭地鐵**A、C、B、D、1**至59th St/Columbus
Circle
🗺 P.274／C2

　　星星級主廚Jean-George Vongerichten當
家的首席法國餐廳，卻有著平易近人的
Prix Fix午餐，3道菜只要44元，品質、服
務、裝潢依然比照米其林三星辦理，更遑
論還有中央公園的景色佐餐了。3道菜是從
前菜、主菜各15道菜色裡擇一，所以有好
幾道蔬食選擇，再加上甜點。

Le Bernadin

✉ 155 W 51st St (6th Ave與7th Ave之間)
📞 (212)554-1155
🕐 午餐：週一～五12:00～14:30，晚餐：週一～四
17:15～22:30，週五、六 17:15～23:00
休 週日
💲 $$$
➡ 搭地鐵**B、D、E**至7th Ave
🌐 www.le-bernardin.com
🗺 P.274／D4

　　Le Bernadin的主廚Eric Ripert，是獲有餐
飲界奧斯卡獎之稱的「James Beard Foun-
dation」(全美最傑出主廚)肯定的名廚，和
過世的名廚安東尼波登是摯友，也主持過
美食旅遊節目，因此和韓國寺廟料理結緣，
加上每個禮拜都有客人詢問是否有蔬
食料理，Chef Ripert在以海鮮為主的
Le Bernadin推出了蔬食菜單，雖然挑戰度
很高，但是芹菜根、茄子、朝鮮薊都華麗
轉身為法式饗宴。

義式料理

Italian Cuisine

　　紐約有為數眾多的義大利移民、加上義大利人耽溺於美食的民族性，造就了紐約上千家義大利食肆的榮景，從明星級主廚、到祖傳三代的巷口比薩店，Viva Italy! Viva New York!

新鮮手工義大利麵

Eataly

📧 200 5th Ave (23rd St路口)
📞 (212)229-2560
🕐 週日～四11:00～22:00，週五～六11:00～22:30
💲 $$
➡️ 搭地鐵R至23rd街
http www.eataly.com/us_en
MAP P.277/E4

　　Eataly是Eat及Italy兩字的組合，直翻的話就是「吃義大利」，2007年在義大利度林（Turin）開幕，因在一間店內結合了傳統市場、貴婦超市、餐廳、美食街、精品、烹飪教室等元素，2010年在紐約開幕時同樣造成轟動，到現在人潮還是川流不息。

　　手工新鮮義大利麵是這兒的招牌之一，Il Pastatio Di Eataly標榜每天現做義大利北、中、南各區不同類型的義大利麵，北方的麵團有加蛋，南方則無。蔬食者可選擇青醬或鷹嘴豆、番茄及酸葉（Sorrel）食材。另一家La Pizza & La Pasta則標榜簡單食材的美味，番茄義大利麵（lo spaghetto al pomodoro）只用新鮮番茄、橄欖油、蘿勒及西西里海鹽組成經典款，午餐套餐可選擇義大利麵、沙拉及比薩的組合。

　　義大利麵基本上少不了起司粉，我吃純素後通常會交待不要加起司粉，客製化一點也不難。

Vapiano

✉ 113 University Place (E 13th St路口)
📞 (212)777-9477
🕐 週日〜四11:00〜23:00，週五〜六11:00〜24:00
💲 $
➡ 搭地鐵 4、5、6、N、Q、R 至14th St/Union Sq
🗺 P.279 / H1

Vapiano是一家德國連鎖店，該字的意思是把義大利麵做到al dente（義大利文的「彈牙」意思，唸作「凹當鐵」）。點完麵後在客人面前現煮現做，再端回座位吃，所有的醬料都是自製，餐桌上的香草是現摘的，隔著玻璃製麵過程一覽無遺。比薩、義大利麵都有蔬食的選擇，譬如說鋪滿節瓜、甜椒、茄子、蘑菇的蔬菜比薩。

雖然是現做，Vapiano畢竟是德國血統，動作迅速確實，卻又將義大利諺語「如果你以輕鬆的方式面對生活，會活得健康長久」的精神融入，加上店面挑高、寬敞，在此用餐是很愉悅的經驗。

蔬食PIZZA

吃全素後一段時間，偶爾嘴饞或貪圖方便吃了單片比薩，發現我的胃對於乳製品已經不太能消化，雖不至於像乳糖不耐症拉肚子，但飽脹感就是不舒服，所以我也更積極地尋求替代方案，進而發現沒有牽絲起司作梗，反而更能品嘗到餅皮的麥香與嚼勁，以及每一種蔬菜的味道。店面五顏六色的**Two Boots Pizzareia**，在紐約有滿

多分店，他們都會幫比薩取名人的名字，全素（Vegan）比薩名為「大地之母」（Earth Mother），代表人物是拯救下東城社區花園的藝人貝蒂米勒（Betty Miller）。另一款全素比薩是V for Vegan，用的是朝鮮薊、青醬及樹薯粉做的起司。

廣受文青歡迎，位於綠點（Greenpoint）的
Screamer's Pizzareia外表就像一般的比薩店，火腿
（Sausage）、煙燻腸（Pepporoni）一個都不少，連西班
牙香腸（Chorio）都來插花，當然，它們是素肉，起
司也是素的，真想全部菜單都給我來一片。另外也
可嘗試他們的Calzone（口袋比薩），就是比薩反折成
餃子形狀，如此一來更能封鎖起司的燒燙，一口咬
下酥脆噴漿。

即便是窯烤比薩也有全素選擇，在加州以生食（Raw Food，烹煮溫
度不超過攝氏46度）起家的Mathew Kenney來到紐約卻開起了比薩店
Double Zero，只是形狀是長方形而非圓形，一個人可以吃完一份6片。

我和友人是在早午餐時段來，所以點了份早餐比薩及紅醬
比薩，其中早餐比薩鋪上了波倫塔（Polenta，義式玉米粥）、
香菇培根、杏仁起司、羽衣甘藍、墨西哥辣椒、番茄、洋蔥
等，集酸甜苦辣於一片比薩上，五味雜陳很奇妙。而朋友因
為患有乳糜瀉，所以只能選擇無麩質（Gluten Free）的麵團，

口感比一般麵團稍硬跟脆，紅醬是略帶辣味的
番茄醬，瑞可塔（Ricotta）起司因為是夏威夷豆
做的，比起傳統偏鹹的比薩多了份清甜。

我喜歡Double Zero的起司都是以堅果為原
料，和黃豆做的素起司比起來，也許牽絲效果
普普，但是味道比較細膩，價格雖然也跟著高
檔，但是以「美食比薩」來說，能將蔬食做得
如此多層次且不靠素肉是我大推的原因。

Two Boots Pizzareia

在紐約有4家分店，地點及營
業時間請上官網查詢。

http www.twoboots.com/loca
tions

Screamer's Pizzareia

✉ 620 Manhattan Ave

📞 (347)844-9412

🕐 每日12:00～00:00

➡ 搭地鐵G至Nassau Ave

Double Zero

✉ 65 2nd Ave (E 4th St路口)

📞 (212)777-1608

🕐 週一～三15:00～23:00，週
四～五15:00～00:00，週六
12:00～00:00，週日12:00
～23:00

MAP P.280／C4

傳統窯烤PIZZA

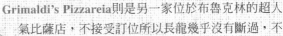

所謂的「美食比薩」(Gourmet Pizza)與一般街頭轉角的Pizzaa店最大的不同在於，前者都是用窯烤(Brick Oven)，燒的是煤炭而非瓦斯，火力強大且有種天然的煙燻味，原本就酥脆的餅皮更增添了點焦黑的脆。餡料方面則是以新鮮番茄醬及馬茲瑞拉起司做底，也可另外加點各式配料，如橄欖、蒜炒菠菜、蘑菇等，必須點一整個「派」，小的12吋可切6片，大的16吋可切8片。

1905年開幕，位於Nolita美國的第一家比薩店Lombardi's Pizza，歷經休業、搬遷，目前第三代經營的餐廳離原址只有幾步之遙。來這兒吃的不只是比薩，而是從拿玻里到紐約的比薩歷史。

Grimaldi's Pizzareia則是另一家位於布魯克林的超人氣比薩店，不接受訂位所以長龍幾乎沒有斷過，不管是內用、外帶都是同一隊伍，生意太好的結果就是不要期望有服務，一律用免洗餐具伺候。想兼顧用餐品質，位於時報廣場，19世紀教堂改建的John's Pizzareia是全美最大的比薩店，雖然也不接受15人以下的訂位，但400人的容量不難等到位，除了比薩外，也有義大利麵、義大利三明治Paninis等。

Lombardi's Pizza
✉ 32 Spring St
　(Mott與Mulberry St間)
☎ (212)941-7794
🕐 週日～四11:30～23:00，週
　五～六11:30～00:00
💲 $$
➡ 搭地鐵6至Spring St
🗺 P.283 / E1

Grimaldi's Pizzareia
✉ 1 Front St, Brooklyn
☎ (718)854-4300
🕐 週日～四11:30～23:00，週五
　～六11:30～00:00
💲 $$
➡ 搭地鐵A、C至High St-
　Brooklyn Bridge

John's Pizzareia
✉ 260 44th St
　(Broadway與8th Ave間)
☎ (212)391-7560
🕐 每日11:30～23:00
💲 $$
➡ 搭地鐵A、C、E、N、Q、R、1
　、2、3至42nd St-Time Sq
🗺 P.274 / D6

美式料理

American Cuisine

顯然受到法國、義大利、甚至亞洲菜系洗禮的「新美式料理」(New American Cuisine)轉換為蔬食料理，比起以魚、肉、馬鈴薯為主要食材的「傳統美式料理」(Traditional American Cuisine)要容易得多，所以蔬食美式料理都是新美式的天下，當然，漢堡、炸雞畢竟是國民美食，也有不少亮眼之作。

Quamtum Leap

✉ 226 Thompson St (Bleecker St與W 3rd St間)
☎ (212)677-8050
🕐 週一～四12:00～22:00，週五12:00～23:00，
　 週六11:00～23:00，週日11:00～22:00
💲 $$
➡ 搭地鐵A、C、E、B、D至W4th St
ℹ 上東城也有分店
🗺 P.279／G4；上東城店P.275／H2

鄰近華盛頓廣場，從1974年營業至今的蛋奶素及魚餐廳，店名雖然是很物理的「量子跳躍」，整家店的感覺其實很溫馨家常，也有全素的選擇，而菜單種類之多一時還真有選擇障礙，譬如說光是早午餐的Pancake（Pancake跟Waffle中文都翻為鬆餅，前者是扁平圓形，後者是格狀方塊）就有蕎麥、藜麥、無麩質、多穀等不

同麵粉選擇，可搭配香蕉、藍莓及山核桃（Pecan）等。

至於午餐、晚餐的菜色，則是美式、墨式及亞洲料理的全員集合，一般來說這種什麼都賣的「沾醬油」餐廳說穿了就是不道地，而Quamtum Leap卻有本事把義大利肉球、墨式捲餅、上海豆腐蘑菇都做得有模有樣，我朋友一邊津津有味地吃素肉球，嚷嚷說這是她吃過最好吃的，卻同時被隔壁上菜的豆腐蘑菇香氣所吸引，結論是下回來再點。

abcV

✉ 38 E 19th St (Park Ave S與Union Sq W間)
☎ (212)479-5829
🕐 週日～四08:00～10:30、12:00～15:00、17:30
　～23:00；週六11:00～15:00、17:30～23:00；週
　日11:00～15:00、17:30～22:00
💲 $$
➡ 搭搭地鐵4、5、6、N、R、Q、L至14th St-Union
　Square
🗺 P.277/F5

因爲實在太美味，加上託友人Wendy在廚房工作的福，她同桌用餐可享主廚招待，我們吃了一次Brunch跟一次晚餐，肆無忌憚地幾乎吃遍各種菜色，不管是食物還是服務都是無懈可擊，也無怪乎兩次來都是滿座，還碰到演過蝙蝠俠電影《黑暗騎士》的Maggie Gyllenhaal。

abcV是前面提過星星籍主廚Jean Goerges Vongerichten旗下專注於蔬菜的餐廳，V就是Vegetable，這裡沒有素肉，只有從沒見過的菇類，或是再平常不過的食材如花椰菜、青江菜、豆腐等，因爲做工的繁複及新鮮，每一口都令人驚艷。

譬如說菜名「Chicken of the Woods Mushrooms」，名字裡有雞其實是香菇，包裹麵衣酥炸的口感比雞肉更鮮嫩，Wendy說香

菇本尊巨大無比，雖然我們無緣看到，網路搜尋到的圖片一叢約莫有籃球大小。烤花椰菜是一整顆上桌，平常我自己做是將「花球」摘下烤，有時尾端會偏乾，abcV先蒸後烤的花椰菜外表略帶焦黃，但裡面依然飽含水分。至於青江菜豆腐，讓愛嘗食物原味的朋友念念不忘這道菜，因爲這塊豆腐是新鮮現做、現蒸，即便外表抹上了梅子、芝麻，浸泡在綠咖哩湯汁裡，黃豆的香醇依然脫穎而出。

忘了說冷菜也好吃，招牌菜之一綠鷹嘴豆泥（Green Chickpea Hummus），一天可以賣到300份，可搭配中東袋餅或生蔬菜盤沾來吃，因爲香氣濃郁，恨不得不顧形象的吮指回味。當然還有百搭的印度薄餅（Dosa），以米、黑豆爲原料發酵過的麵團，貌似可麗餅但是口感酥脆，每道菜都可沾一下。

Urban Vegan Kitchen

✉ 41 Carmine St (Bedford及Bleecker St間)
📞 (646)438-9939
🕐 週一～四11:00～23:00，週五11:00～00:00，週六10:00～00:00，週日10:00～22:30
💲 $$
➡ 搭地鐵A、C、E、B、D至W 4th St
MAP P.279／E5

這家位於西村的小店，主打南方撫慰食物（Southern Comfort Food），所以整家店的風格都很街頭，混搭了動物友善以及紐約搖滾名人堂。

既然是撫慰食物，炸物、焗烤占據了菜單主要版面，如炸秋葵、焗烤起司等，我們點的鬆餅炸雞及炸蝦三明治（po'boy），前者淋上甜滋滋的糖漿，配上酥脆、鬆軟度恰到好處的炸雞、鬆餅，甜鹹酥軟同時入口很銷魂；後者是路易西安那州的名食，po'boy名稱來源已不可考，是將海鮮（如蝦、牡蠣）裹麵衣油炸後放上類似法國棍子麵包，但是較為鬆軟的紐奧良長條麵包內，加入萵苣絲、番茄片再淋上美乃滋，一大口咬下嚼啊嚼，口感、口味一次到位。

說真的，來這兒一點都沒吃素的感覺，我一直覺得炸物要做得難吃很難，即便不太清楚麵衣裡包的雞、蝦為何物，只要一裹上麵衣高溫油浴後就能「欺騙世人」，所以吃素不等於吃草也可以吃得很不健康，適合偶爾放縱的「罪惡爽」（Guilty Pleasure）。

蔬食時尚店

這幾年因為Instragram、臉書等社群媒體的推波助瀾，加上千禧世代（1980、1990到2000年初期所出生的世代，又稱為Y世代）喜外食以及對食物品質的要求，紐約出現了像「屠夫的女兒」（The Butcher's Daughter）、by CHLOE及Champs Diner這種不強調吃素，但著重食物的美味以及整體用餐氣氛的愉悅，還有每一道菜、餐廳的每一個角落都很上相，讓食物本身就成為網美，自然也吸引年輕人、網紅來打卡，從獨立店成功後進而展店成連鎖店。

The Butcher's Daughter

像是「屠夫的女兒」名字本身就很有話題，因為這裡不賣肉只賣Plant Based（蔬果食材），創辦人Heather Tierney覺得蛋奶素（Vegetetrian）這個詞聽起來很90年代，但Plant Based就是潮；而且傳統的素食餐廳裝潢偏向昏暗，她的餐廳明亮、現代，除了現打果汁也賣酒。

當然，好吃的食物還是關鍵，這幾年席捲蔬食界的明星商品「酪梨土司」（Avocado Toast），我第一次就是在這兒吃到，其實是再簡單不過的組合，搗爛的酪梨以咖哩、芥末子、香荾、萊姆調味後抹在現烤的多穀麵包上，那滑順的油脂與咬勁麵包的交融，讓人邊吃邊瞇上了眼睛。

by CHLOE

by CHLOE的創辦人Chloe Coscarelli在美食頻道（Food Network）的杯子蛋糕大賽，以無蛋奶的杯子蛋糕脫穎而出後受到矚目，資金挹注打造後，成為連當時是演員現為英國梅根王妃也很喜愛的店，她在訪談中提到最愛天貝（Tempeh）、奇亞籽（Chia Seeds）、扁豆（Lentils）的漢堡。

by CHLOE的菜單走的是可以吃飽但不會撐的路線，選擇多樣但分量不大，菜單本身以各式插畫標示出含有哪種堅果，有無麩質等。我很喜歡他們家的「甜菜根番茄醬」及「墨西哥辣椒蛋黃醬」，前者雖

名為「Ketchup」（番茄醬），其實是甜菜根做的，質地比較稀、口感較甜，因為不是加工品所以吃來新鮮，後者是傳統蒜泥蛋黃醬的素食版，這兩個都是自由取用的沾醬，沾薯條、幫漢堡加味都好吃。

　　紐約客雜誌食評說by CHLOE的客層是對健康狂熱、騎飛輪的「精英素食者」（Elite Vegan），有些浮誇但也有幾分真實，不過價位算親民，單價都在10元上下。

Champs Diner

　　Champs Diner位於布魯克林的Bushwick，復古的美式餐廳風，一整天都賣早餐，將美國人從小吃到大的菜色，如炒蛋、奶昔、起司通心粉（Mac N Cheese）等全部素食化，分量依然很美式。因為不接受訂位，週末熱門時段門口長龍不斷，畢竟是潮區，邊等邊看人也不會太無聊。

屠夫的女兒及by CHLOE都有數家分店，僅此列出本店，其他請上官網查詢。

The Butcher's Daughter

- ✉ 19 Kenmare St
  （Elizabeth St路口）
- ☎ (212)219-3434
- ⊙ 每日08:00～22:00
- 💲 $$
- ➡ 搭地鐵J、Z到Bowery St
- http www.thebutchersdaughter.com
- MAP P.283／F2

by CHLOE

- ✉ 185 Bleecker St
  （Macdougal St路口）
- ☎ (212)290-8000
- ⊙ 每日10:00～23:00
- 💲 $
- ➡ 搭地鐵A、C、E、B、D至
  W 4th St- Washington Sq
- http www.eatbychloe.com
- MAP P.279／F5

Champs Diner

- ✉ 197 Meserole St, Brooklyn
  （Bushwick Ave與Hunboldt St間）
- ☎ (718)599-2743
- ⊙ 每日09:00～00:00
- 💲 $$
- ➡ 搭地鐵L至Montrose Ave
- http www.champsdiner.com

國民美食：漢堡、三明治

漢堡、三明治是美國人的日常，畢竟也不會餐餐上館子，在麥當勞、溫娣尚未推出素漢堡之際，早就有素漢堡、三明治專賣店進場搶商機。

Next Level Burger / Shake Shack

Next Level Burger是從西岸波特蘭來的素漢堡，將傳統美式漢堡變身為素食的店家，我第一來的時候盯著牆上菜單許久，因為每一個看起來都很好吃。他們強調有機食材跟自製的特殊醬料，也有以豌豆蛋白質（Pea Protein）製成的「Beyond Meat」（未來漢堡肉），不管在口感跟味道上都和絞肉製成的肉排很像，最棒的是沒有動物因此犧牲。而以賣牛肉漢堡出名的Shake Shack，也有蛋奶素及全素漢堡，前者是波特菇加起司，後者是黑豆、糙米及甜菜根排，加上滿滿生菜，算是走健康路線。

Superiority Burger

位於東村，像是在牆上挖了個洞就開張的「優越漢堡」（Superiority Burger），老闆的來歷也頗傳奇，曾經是龐克搖滾鼓手、高檔餐廳的甜點主廚，卻改行賣起素漢堡，漢堡的「肉」頗有來頭，用了藜麥、胡蘿蔔、茴香籽等14種原料，吃起來沒有一般以黑豆為主原料，容易鬆散或過乾的問題，分為大、小兩種尺寸，起司也可替換成素起司。

除了漢堡外，也有幾乎每日更換的配菜，畢竟不是速食店，配菜不是一盆草打發，而是略焦的花椰菜或是醬料好吃的蘿蔓生菜等。喜甜食者，這裡的Gelato冰淇淋也有口碑，或是以愛喝檸檬冰茶的高爾夫名將Arnold Palmer為命名的飲料，冰涼酸甜配薯條、漢堡很對盤。因為被紐約

雜誌選為絕對最優的素漢堡店，人氣超旺！店面空間小，天氣好時可外帶到附近的Tompkins Square Park野餐更舒服。

The Cinemmon Snail、Terri、Blossom Du Jour Express

　　肉桂蝸牛（The Cinemmon Snail）、Terri及Blossom Du Jour Express都是三明治專賣店，除了三明治外，也有沙拉、果汁等。他們的特色是以麵筋（Seitan）為底，加入各式醬料，如烤肉醬、韓式辣醬醃過，再堆疊上蔬菜、醃黃瓜甚至泡菜等，通常口味偏重，但頗有大口吃肉的飽足感。值得一提的是，肉桂蝸牛的甜甜圈也很有名。

　　這幾家店所在位置都是曼哈頓物價昂貴的區域，逛街逛累了，來個價格合理的素（速）食三明治比漫無目的亂吃好多了。

Next Level Burger
- ✉ 292 Ashland Pl (Hanson Pl 與Lafayette Ave間)
- ☎ (347)384-2277
- 🕐 每日11:00～23:00
- 💲 $
- ➡ 搭地鐵**2、3、4、5、N、R、Q**至Atlantic Ave-Barcley Center

Shake Shack
- 🌐 www.shakeshack.com

優越漢堡
Superiority Burger
- ✉ 430 E 9th St (Ave A路口)
- ☎ (212)256-1192
- 🕐 週一～六11:30～22:00，週日11:30～21:00
- 💲 $
- ➡ 搭地鐵**L**至1st Ave、**6**至Astor Pl
- MAP P.281／E2

Terri
- ✉ 63 23rd St (6th Ave路口)
- ☎ (212) 647-8810
- 🕐 週一～五06:00～23:00，週末08:00～22:00
- 💲 $
- ➡ 搭地鐵**F**至23rd St
- MAP P.277／E4

Blossom Du Jour Express
- ✉ 位於59th St-Columbus Circle地鐵站的Underground Market
- ☎ (212)765-6500
- 🕐 週一～五08:00～21:00，週末11:00～20:00
- 💲 $
- ➡ 搭地鐵**A、C、B、D、1**至59th St-Columbus Circle
- MAP P.274／C2

肉桂蝸牛
The Cinemmon Snail
- ✉ 2 Penn Plazza (位於The PENNSY美食街內，34th St與7th Ave路口)
- ☎ (862)246-6431
- 🕐 每日11:00～21:00
- 💲 $
- ➡ 搭地鐵**2、3、A、C、E**至34th St-Penn Station
- MAP P.276／D2

日式料理

KIRIN BEER キリンビール

Japanese Cuisine

就算沒有刻板印象中的生魚片、豚骨拉麵，日本料理的蔬食篇章一樣令人驚喜連連，而且還跳脫出東洋廚師等於血統純正的窠臼，熱愛大和美食的西方人，開啟了「洋式和食」的嶄新旅程。

精進料理

精進料理（Shojin Ryuori）原指日本佛寺中僧侶的食物，相當然爾，不僅是素食，也不用蔥、蒜等味道太重的五辛，但是和我們熟悉的「齋飯」不同的是，精進料理更講究與四季結合，只用當季的食材，在口味上也強調突顯出食材的原味，日本僧人藤井宗哲也寫過：「濃肥辛甘非眞味，眞味只是淡」；而「精進」是菩薩道修行的6種方法之一，原意是勤勉不倦怠，用來形容料理其實再貼切不過，因爲製作的過程需要無比的勤力與耐心，譬如說代表菜色之一芝麻豆腐，需先將芝麻手動磨成泥，讓香氣自然四溢，雖然費工，但也是對食材的景仰。

Kajitsu

✉ 125 E 39th St (Lexington Ave路口)
📞 (212) 228-4873
🕐 週二～日17:30～21:00
休 週一
💲 $$$$
➡️ 搭地鐵**4、5、6、7**至42nd St-Grand Central
MAP P.277／G1

米其林一星的Kajitsu位於中城東一棟鬧中取靜的連棟屋2樓，沒有多餘的裝潢，就是簡單的桌椅跟吧檯，只有一件書法（圓形、三角、方形）是日本禪宗和尚Sengai Osho的意象，代表從空無中創造出有意義之物的旅程。音樂大師坂本龍一是常客之一，因爲覺得Kajitsu的背景音樂不夠優，還自願爲餐廳提供曲目。

精進料理其實是日本懷石料理的原形，所以Kajitsu每月更換的菜單也是走懷石料理路線，「花套餐」共12道菜，從前菜、湯、飯、季節性蔬菜、炸物、炊物、蕎麥麵、甜點等依序上菜，侍者會先將當晚的食用以籃子端上解釋，雖然對日本料理並不陌生，但是看到每一道菜都美得像幅畫，動筷前還是忍不住端詳許久，即便動筷了也是秀氣地一點一點夾，深怕錯過任何隱藏的味道，即便分量不大，卻有種「一盤一世界、一碗一天堂」的滿心感懷。

「花套餐」要價97元，若要搭配酒（據說這裡的清酒也很厲害）就更貴了，雖然我們覺得以這樣的饗宴來說算合理，畢竟只能偶一為之，如果只想感受精進料理的精髓，我會推薦中午來享用精簡版。Kajitsu還有個葷食餐廳Kokage，平常的空間是在1樓，但我星期六去時是在2樓Kajitsu的空間，以55元享用4道「花套餐」上的菜色，前菜的水芹菜豆腐泥清爽開胃、春蔬海帶湯綠意盎然也暖心，炸物天婦羅的麵衣輕薄不油膩，直接嘗到蔬菜的鮮甜，值得一提的是，他們以埃及雪片鹽取代了一般沾醬，不僅保持了炸物的乾爽，雪片鹽不死鹹的回甘徹底提升口味的層次。手工蕎麥麵可算是Kajitsu的招牌之一，細緻的蕎麥香令人咀嚼再三。我還加點了紅豆生麵麻糬及來自樓下京都一保堂的麥茶，讓「簡單」的午餐畫下完美句點。

私心花了比其他餐廳更多篇幅來介紹Kajitsu，是因為真心認同精進料理誠意對待食材以及隨著季節更迭烹煮的理念，在水泥叢林穿梭的日子，至少還可以藉此與自然連結。

Kokage

✉ 與Kajitsu位於同一棟樓
🕐 週二～日：午餐11:45～13:45，晚餐17:30～21:15
休 週一
MAP P.277／G1

蔚為狂潮的拉麵

拉麵原本是日本的平民美食，應該誰也沒料到，這幾年竟然會席捲紐約，每隔一陣子就有拉麵店開張，除了一風堂、一蘭這種日本老字號，還有白人先在東京開店後強勢回歸的，紐約的拉麵戰國，方興未艾。

喜歡油膩湯頭的，會選擇豚骨、雞骨，喜歡清爽湯頭的，會選擇醬油、鹽味，那蔬食拉麵呢？我吃遍一輪的結果，油膩、清爽都不少，一般來說油膩湯頭會用芝麻、葵花子等飽含油脂的堅果來增加濃郁度，而清爽湯頭的則是以蔬菜或菇類為基底熬煮，所以比傳統湯頭更鮮美。至於麵條方面，傳統的拉麵通常會加蛋才能做出彈牙度，所以如果不想不小心吃到蛋，可以先詢問店家麵條的成分，並要求以豆腐麵條、粉絲等替代。

在這股拉麵狂潮席捲之前，位於東村的來來軒及Minca早就默默耕耘許久，這兩家都是用蔬菜湯頭，也都以味噌來添加風味，我本來就愛蔬菜湯頭跟味噌，所以無異議地好吃。兩家店都很小也很有日式風情。

新一波的拉麵店中，曾上過網飛（Netflix）叫好又叫座紀錄片系列《主廚的餐桌》（Chef's Table）的Ivan Orkin，從15歲在壽司店洗碗而接觸到日本文化，進而展開他的東洋之旅，甚至在東京開起了拉麵店，最後回到他的家鄉紐約開店。Ivan Ramen的蔬食拉麵是蔬菜醬油湯頭，鹹度恰到好處，我身旁的秀氣白人女生豪邁捧起碗公一飲而盡。

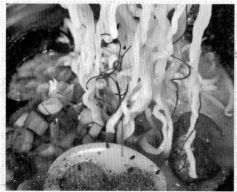

用菇類做湯底的拉麵則首推Ramen Ishida，以6種菇類（本菇、金針菇、牛肝菌、羊肚菌、白菇、椎茸）加上昆布、芝麻、洋蔥熬煮，濃醇香鮮，滿滿誠意。

其實紐約好吃拉麵又何止這幾家，礙於篇幅有限，其他的等你們自己來發掘。

Ivan Ramen

- ✉ 25 Clinton St (Stanton St與 E Houston St間)
- ☎ (646)678-3859
- 🕐 週日～四12:30～22:00，週五～六12:30～23:00
- 💲 $
- ➡ 搭地鐵F、M、J、Z到 Delancy St-Essex St
- MAP P.281／F5

Ramen Ishida

- ✉ 122 Ludlow St (Rivington St與Delancy St間)
- ☎ (646)590-3276
- 🕐 每日，中餐12:00～16:00，晚餐17:30～22:00
- 💲 $
- ➡ 搭地鐵F、M、J、Z到 Delancy St-Essex St
- MAP P.283／H1

來來軒

- ✉ 218 E 10th St (1st Ave與2nd Ave間)
- ☎ (212)477-7030
- 🕐 每日11:30～23:30
- 💲 $
- ➡ 搭地鐵6到Astor Pl
- MAP P.280／C2

Minca

- ✉ 536 E 5th St (Ave A與Ave B間)
- ☎ (212)505-8001
- 🕐 每日12:00～23:00
- 💲 $
- ➡ 搭地鐵F到2nd Ave、L到1st Ave
- MAP P.281／E4

蔬果壽司

海洋魚類含有汞或其他重金屬的新聞不時傳出，連「壽司之神」都憂心。以往只有特殊場合才吃得到的握壽司，現在連熟食店都買得到，大量食用造成海洋資源日漸枯竭，在紐約，還好我們有「超越壽司」(Beyond Sushi)。

就像當年「加州捲」把酪梨捲進壽司，Beyond Sushi只是把更多的蔬果捲進來，如芒果、胡蘿蔔、甜菜根、地瓜等，米飯也不再用白米，而以黑米或是多穀米取代，最後再鋪上蓿目芽、酪梨等，每一種壽司捲還會附上不同口味的醬料，如辣醬、胡蘿蔔薑、香菇醬等，五顏六色的壽司配上管狀的醬料，一整個賞心悅目。

Beyond Sushi的創辦人／廚師Guy來自以色列，在紐約唸完廚藝學校、待過外燴公司後開了Beyond Sushi，因為他希望吃得純淨，留給地球永續發展的空間，而我從第一家14街的小店吃到他們現在6家店的規模，可以說與有榮焉嗎？

超越壽司 Beyond Sushi

上網查詢菜單、時令菜色及各家店資料。

🌐 www.beyondsushi.com

蕎麥麵及烏龍麵

相較於拉麵的火紅，蕎麥麵與烏龍麵顯得有些弱掉，還好有個以沾麵出名的Cocoron及物美價廉的長青店Udon West撐住場面，讓人轉換麵條時，有拉麵以外的選擇。Cocoron及Udon West都有分店，此處列的是本店。

Cocoron

✉ 37 Kenmare St (Elizabeth St路口)
☎ (212)966-0800
🕐 每日，中餐12:00～15:15，晚餐17:30～22:45
💲 $$(只收現金)
➡ 搭地鐵6至Spring St，J、Z至Bowery St
🗺 P.283／F2

Cocoron的蕎麥麵除了傳統的湯麵、冷麵外，最特別的是他們有沾麵，用溫的蕎麥麵沾熱騰騰的濃郁湯汁，麵吃完後，侍者會加熱水稀釋變成湯，這樣的好處是麵不會泡到軟，湯汁也不會浪費。最感人的是Cocoron特別為蔬食者設計的湯頭，改用昆布及醬油(傳統是柴魚片)加上芝麻醬，味道更鮮美。另外蕎麥麵也不像拉麵會有加蛋的問題，吃來更放心。

Udon West

✉ 11 St. Marks Pl (Copper Sq與Astor Pl間)
🕐 週日～三11:30～00:00，週四～六11:30～02:00
💲 $(只收現金)
➡ 搭地鐵6至Astor Pl
🗺 P.280／B2

Udon West的烏龍麵粗圓彈牙，可惜給蔬食者的選擇只有蔬菜、牛蒡天婦羅及海帶3種，而且湯頭有柴魚片的可能性極高，看在一碗7元是拉麵一半價錢的份上，是吃粗飽的選擇。

異國料理

World Cuisine

為什麼紐約客能大言不慚地說他們是世界的首都(Capital of the World)呢？從每一種族群都可以在此找到家鄉味的角度來看，他們是有驕傲的理由的。

泰國料理　泰式料理在紐約是頗受歡迎的亞洲料理，幾乎每個人都對Pad Thai(泰式粿條)、九層塔炒飯、綠咖哩、青木瓜沙拉、泰式冰茶如數家珍，基本上我試過的很少踢到鐵板，尤其午餐套餐通常在10元上下，是很不錯的選擇。

Sripraphai

- ✉ 6413 39th Ave, Woodside, Brooklyn
- ☎ (718)899-9599
- 🕐 11:30～21:30
- 休 週三
- 💲 $(只收現金)
- ➡ 搭地鐵**7**至Woodside-61st St

如果是三五好友分享各式菜色，位於皇后區木邊的Sripraphai是很好的選擇，從1990創店至今，以家常泰式料理及菜色豐富收買了饕客的胃。

越南料理　紐約很多越南餐廳都是越南華僑開的，聽他們廣東話、國語、越南話、英語多種語言切換，很有意思。

Saigon Market

- ✉ 93 University Pl (11th St與12th St間)
- ☎ (212)982-3691
- 🕐 週日～四11:30～22:00，週五～六11:30～23:00
- 💲 $
- ➡ 搭地鐵**4、5、6、L、N、Q、R、W**至14th St-Union Sq
- MAP P.279／H1

這家位於NYU跟聯合廣場間的越南餐廳包山包海，從越南米粉、河粉、春捲、咖哩、炒飯、三明治一個都不少，蔬食選擇也不少，加上空間大，不管是一個人來吃Lunch Special配越式咖啡，還是一群人聚餐都適合。

韓國料理

在韓國街(主要為Madison Ave、Broadway與6大道間的32街,也延伸到周邊幾條街)這彈丸之區,擠了上百家的各式店面,其中餐廳是大宗,很多還有24小時營業,所以來這兒絕對有道地韓國美食。

➡ 搭地鐵B、D、F、M、N、Q、R、W至34th St-Herald Sq;6至33rd St

Her Name is Han

- ✉ 17 E 31st St (5th Ave與Madison Ave間)
- ☎ (212)779-9900
- 🕐 週一～六:午餐12:00～14:30,晚餐17:30～23:00;週日:午餐12:00～14:30,晚餐17:00～21:00
- 💲 $$(只收現金)
- **MAP** P.277/F2

在多數傳統燒肉、石鍋拌飯的餐廳裡,Her Name is Han是一股清流,標榜家常菜,但整家店從店外菜單到裝潢都很文青,素食的選擇嚴格說不算多,但光是那香醇滑順的黑芝麻豆腐就把我們收買,其他的烤蔬菜類配上豆瓣辣醬只是錦上添花。

BCD Tofu House

- ✉ 5 W 32nd St (5th Ave與Broadway間)
- ☎ (212)967-1900
- 🕐 週日～四09:30～01:30,週五～六09:30～05:30
- 💲 $
- **MAP** P.277/E2

想吃豆腐鍋的話,就選店名有「豆腐」字樣的BCD Tofu House,曾經帶台灣朋友吃韓國街的韓式豆腐鍋,因為湯頭比較濃稠似乎吃不

太慣,我是早已被「韓化」了,且私認為韓國餐廳的飯更勝日本店,而且在餐廳用餐的好處是會先送上各式小菜。

Woojirip

- ✉ 12 W 32nd St (5th Ave與Broadway間)
- ☎ (212)244-1115
- 🕐 週一～六10:00～02:00,週日休息
- 💲 $
- **MAP** P.277/E2

一個人覓食的時候我最愛「Woojirip」,韓式自助餐菜色的冷菜類蔬菜選擇多,也有各式盒裝熟食,從泡菜炒飯、韓式煎餅、炒粉絲(Japchae)到韓式壽司捲(Kimbap)都好吃。

Food Gallery 32

- ✉ 11 W 32nd St (5th Ave與Broadway間)
- ☎ (212)967-1678
- 🕐 每日11:00～23:00
- 💲 $
- **MAP** P.277/E2

如果跟舉棋不定的人來吃飯,Food Gallery 32美食街有韓式也有中式,各點各的不牽絆。

中式料理 廣式料理是紐約中菜的大宗，近年台式料理雖然有竄升，但是蔬食菜色選擇有限。

佛菩提 Bodhi Kosher

✉ 77 Mulberry St (Walker St與Canal St間)
☎ (212)233-2921
⏲ 每日11:30～21:30
➡ 搭地鐵N、Q、R、6至Canal St
MAP P.283／E4

不得不承認剛開始吃素時，懷念推著一籠一籠點心的正港港式飲茶，當發現了「佛菩提」素食港式飲茶後，便迫不及待吆喝朋友來吃，畢竟點心一盤3份，要有人分食才能點更多盤。已經把所有燒賣、腸粉都試過一輪，腐皮捲、叉燒酥當然不會放過，每次都點到失心瘋。

中東料理 其實除了沙威瑪外，中東小食裡，夾滿新鮮生菜及炸鷹嘴豆泥球(Falafel)或是烤茄子的袋餅，是紐約最受歡迎的一款。

Mamoun's Falafel

✉ 119 MacDougal St (Minetta Lane路口)
☎ (212)674-8685
⏲ 每日11:00～05:00
$ $
➡ 搭地鐵A、C、E、B、D、F、M至W 4th St-Washington Sq
MAP P.279／F4

位於華盛頓廣場，從1971年開張至今的Mamoun's Falafel雖然店面毫不起眼，但老字號有口皆碑，加上開到凌晨5點，跑趴不怕餓肚子。

Taim West Village

✉ 222 Waverly Pl (11th St與Perry St間)
☎ (212)691-1287
⏲ 每日11:00～22:00
$ $
➡ 搭地鐵1至Christopher St-Sheridan Sq
MAP P.278／D2

位於西村的Taim West Village也是一家小店，但是食物能量巨大，比Momoun's的料更多樣，例如會加入以色列沙拉(黃瓜、番茄、辣椒、洋蔥丁)及中東芝麻醬(Tahini)等，一個袋餅可飽足一餐。

半夜3點，特別想吃烏克蘭料理嗎？在紐約就是有辦法。

衣索比亞、肯亞的長跑跑者稱霸各大世界路跑賽，就算連他們的車尾燈都看不到，吃他們的國民食物總能沾點邊，紐約其實不難找到衣索比亞食物。

Veselka

- ✉ 144 2nd Ave (E 9th St路口)
- ☎ (212)228-9682
- ⏰ 24小時營業
- 💲 $
- ➡ 搭地鐵F至 2nd Ave
- 🗺 P.280／C2

　　1954年營業至今的Veslka，隨時都可吃到熱騰騰的馬鈴薯煎餅（Potato Pancake）、高麗菜捲及甜菜湯（Borscht）、馬鈴薯餃子（Pierogi）。要提醒的是，餃子都有起司，高麗菜捲有包米及香菇的無肉選擇，甜菜湯也可葷可素，是肉食、草食動物可共享的地方。

Meske Ethopian

- ✉ 468 W 47th St (10th Ave路口)
- ☎ (212)399-1949
- ⏰ 12:00～23:00
- 💲 $
- ➡ 搭地鐵C、E至 50th St
- 🗺 P.274／B5

　　以苔麩（Teff）粉所做的有氣孔的發酵微酸麵包（Injera）做底，上面鋪上燉豆（包含扁豆、鷹嘴豆等）、番茄、甘藍菜葉（Collard Green）等，色彩繽紛，一盤上菜、眾人試菜，用手抓最大。

　　由於印度菜使用澄清奶油(Ghee)，要吃到全素會有挑戰，畢竟印度菜的辛香料味道濃郁，加上紐約最實惠的印度菜吃法就是10.95元的午餐Buffet。包裹馬鈴薯泥的酥炸餃(Samosa)及脆薄餅(Dosa)是輕食選擇，兩者都會附上印度酸甜醬(Chutney，由香菜所作的綠Chutney及芒果Chutney最常見)；而Dosa也有捲進印度綜合香料馬薩拉(Masala)調味的馬鈴薯、菠菜、番茄等，一捲搞定一餐。

Chennai Garden by Tiffin Wallah

- ✉ 127 E 28th St (Lexington Ave與Park Ave間)
- ☎ (212)685-7301
- ⏰ 平日：中餐11:30～15:00，晚餐17:00～22:00；週末12:00～22:00
- 💲 $
- ➡ 搭地鐵6至28th St
- 🗺 P.277／G3

Hampton Chutney

- ✉ 143 Grand St (Lafayette St與Crosby St間)
- ☎ (212)226-9996
- ⏰ 週一～六11:00～20:00；週日11:00～19:00
- 💲 $
- ➡ 搭地鐵6至Spring St
- 🗺 P.282／D3

甜點天堂

Sweets Paradise

美饌紐約

女人永遠有個胃是甜點專用的，在紐約，男人也是。

甜點這單元，坦白說我寫得很掙扎，原本打算所有甜點都是選不含蛋奶的的。這些年，紐約的確有些亮眼的全素甜點，但是比起蔬食餐廳的家數跟容易取得度，全素甜點相對零星，而且老實說，口味很難相抗衡，也因此我嗜甜的症頭相對減緩。我保留了紐約的經典甜點以及品嘗紀錄（有些人，一旦錯過就不再，甜點也是），並增加了全素的選擇。

法式甜點

口感是法式甜點的生命，不管是層層堆疊的千層派、喀滋作響的焦糖布丁，還是外酥內柔的舒芙蕾，每一個咀嚼都是一次驚奇。

Dominique Ansel Bakery

✉ 189 Spring St (Sullivan St與Thompson St間)
📞 (212)219-2773
🕐 週一～六08:00～19:00，週日09:00～19:00
💲 $
➡ 搭地鐵**C**、**E**至Spring St
🗺 P.282／B1

你可能沒聽過這位多米尼克先生，但是聽過Cronut吧？這個Croissant（可頌）加Donut（甜甜圈）的混血甜點，2013年推出時，每天限量200個，開店半小時即售罄，甚至出現黑市，至今依舊每日完銷，只是可以兩個禮拜前從網路上預訂，我的朋友搬離紐約後，回來玩還不忘先訂好、取貨再跟她旅行回家，Cronut的魅力由此可見一斑。

就算搶不到Cronut，其他甜點也都在水準之上，如被焦糖包覆的可頌DKA是另一受歡迎的選擇，透明玻璃的廚房就在店內，戶外座位是蘇活逛街時的歇腳選擇。

義式甜點

　　來紐約之前，對義式甜點的印象只停留在提拉米蘇(Tiramisu)，其實除了提拉米蘇外，義式甜點的精髓在於各式與起司搭配的水果塔，以及起司為餡料的卡諾里捲(Cannoli)。尤其是卡諾里捲的餡料必須每天現做才能確保其新鮮度，香濃的瑞可塔(Ricotta)起司混合了糖，被香脆的餅皮包覆著，一次吃好幾個也不會膩。

Veneiro's

✉ 342 E 11th St (1st Ave與2nd Ave間)
☎ (212)674-7070
🕐 週日～四08:00～00:00，週五～六08:00～01:00
💲 $
➡ 搭地鐵L至1st Ave
🗺 P.280／D1

　　雖然Veniero's最有名的是西西里起司蛋糕，但千萬別錯過他們的義式甜點，不論是坐下來吃還是外帶，都從來沒令人失望過。如果站在玻璃櫃前不知該從何點起，就直接請工作人員秤一磅，每一種都1個就好。

Ferrara

✉ 195 Grand St (Mott St與Mulberry St間)
☎ (212)266-6150
🕐 週日～四09:00～11:00，週五～六08:00～00:00
💲 $
➡ 搭地鐵B、D至
　 Grand St
🗺 P.283／E3

　　位於小義大利的Ferrara也是百年老店了，香濃的咖啡，配上義式甜點，儘管氣氛因為永不缺乏的遊客而顯得嘈雜，甜食當前誰又在乎呢？

如果說法式甜點是皇室名媛、義式甜點是大家閨秀，那美式甜點就是不折不扣的鄰家女孩了，在外觀、口感、價格上都平易近人的多，糖分指數也相對升高。

起司蛋糕

起司蛋糕各家配方、濃度不同，Veniro's與Junior's的起司蛋糕都以濃醇綿密而吸引了死忠的支持者；相對之下，Eileen's的起司蛋糕就比較清爽，且發展出巧克力、南瓜等不同口味，最棒的是，Eileen's有小分量的蛋糕，所以可嘗試各式口味。Junior's除了布魯克林本店外，中央車站地下樓也有專櫃，時報廣場附近的分店也是遊客的最愛。

Junior's

- ✉ 386 Flatbush Ave, Brooklyn
- 📞 (718)852-5257
- 🕐 週日～四06:30～00:00
  週五～六06:30～01:00
- 💲 $
- ➡ 搭地鐵B、D、Q、R至Dekalb Ave

時報廣場分店
- ✉ 1515 Broadway (44th St路口)
- 📞 (212)322-2000
- 🕐 週一～四06:30～00:00，週五～六06:30～01:00，週日06:30～23:00
- ➡ 搭地鐵1、2、3、7、N、Q、R、W、S至42nd St-Times Sq
- MAP P.274／D5，49th St分店P.274／D4

Eileen's

- ✉ 17 Cleveland Pl (Kenmmare St路口)
- 📞 (212)966-5585
- 🕐 平日09:00～21:00，週末10:00～19:00
- 💲 $
- ➡ 搭地鐵6至Spring St
- MAP P.283／E2

杯子蛋糕

杯子蛋糕是美國小孩成長過程中最色彩繽紛的甜蜜回憶，每一個杯形海綿蛋糕上都頂著不同顏色以糖及奶油做成的糖霜(Icing)，不甜不要錢。

Magnolia Bakery

- ✉ 401 Bleecker St (11th St路口)
- ☎ (212)462-2572
- 🕐 週日～四10:00～22:30
  週五～六10:00～23:30
- 💲 $
- ➡ 搭地鐵A、C、E至14th St
- 🗺 P.278／C2

紅牌Magnolia Bakery已經從原本西村的一家小店，展店到在曼哈頓三不五時看到有人拎他們家提袋。

Sweets by CHLOE.

- ✉ 185 Bleecker St (Sullivan St與Macdougal St間)
- ☎ (347) 620-9621
- 🕐 平日11:00～23:00
  週末10:00～23:00
- 💲 $
- ➡ 搭地鐵A、C、E、B、D至
  W 4th St-Washington Sq
- 🗺 P.279／F5

Sweets by CHLOE.是全素甜點店，除了杯子蛋糕還有提拉米蘇、抹茶巴卡(Babka)蛋糕等，值得一試。

甜甜圈

杯子蛋糕外，甜甜圈也是美國辦公室甜點，一盒打開各式顏色、口味，糖粉的、包餡的，各取所需。

Doughnant Plant

- ✉ 379 Grand St
  (Suffok St路口)
- ☎ (212)505-3700＃379
- 🕐 週日～四06:30～20:00，週五～六06:30～21:00
- 💲 $
- ➡ 搭地鐵F、M、J、Z至Delency-Essex St
- 🗺 P.283／H2

1994年開張的小店，廚房就在後面，手桿麵團口感扎實，即便擴展了分店，每一家還是現場製作，也有素食選擇。

Dun-Well Doughnant

- ✉ 222 Montrose Ave, Brooklyn (Bushwick Ave與
  與Humboldt St間)
- ☎ (347)294-0871
- 🕐 平日07:00～19:00
  週末08:00～19:00
- 💲 $
- ➡ 搭地鐵L至Grand St

後起之秀Done-Well，內藏新鮮果醬跟外裏糖霜，是我覺得全素甜點裡最好吃的，本店在布魯克林的布什維克，東村也有分店。

美食街
FOOD HALL

對台灣人而言，美食街一點都不稀奇，紐約原本沒有美食街才稀奇（華人聚集的法拉盛有，畢竟很局限），已故名廚安東尼波登在吃遍世界後原本打算將美食街帶入曼哈頓，可惜原本備受矚目的計畫在波登生前週末就胎死腹中，但是紐約的美食界顯然已嗅到風向，加上「休閒快餐」的風潮橫掃，顯然新一代饕客對食物講究，卻未必想花大錢上館子，美食街的模式正好滿足了這般需求。當我搜尋「food hall new york」，Google竟然冒出15間大小美食街，風行草偃的速度也太驚人！

這些新潮的美食街和傳統華人美食街最大的不同點，在於裝潢、用餐空間、食物多元性乃至於洗手間都更勝一籌，當然在價位上也高出許多，甚至是餐廳水準，因為有些攤位原本就是知名餐廳，譬如說位於布魯克林的**Dekalb Market Hall**有老店Katz's Deli，這也是他們的第一家分「店」，或是位於哈德遜河畔**Hudson Eats**有Dig Inn、中城西的**Gotham West Market**有知名拉麵店Ivan Ramen的攤位；也有些是以高檔食材自抬身價，如標榜「和牛」的漢堡1個要價14元；連原本出情報誌的Time Out也來插一腳，在Dumbo開了集合21家紐約餐廳、可遠眺曼哈頓的**Time Out Market New York**。另外，紐約的美食街很多有酒吧，也變成下班來喝酒、放鬆的地方。

紐約究竟還會冒出多少美食街？讓我們繼續看下去。

Dekalb Market Hall
- ✉ 445 Albee Sq West地下室 Downtown Broolyn (Willoughby St與Gold St間)
- ☎ (929)359-6555
- 🕐 每日07:00～22:00
- 💲 $$
- ➡ 搭地鐵**B**、**Q**、**R**至Dekalb Ave

Hudson Eats
- ✉ 225 Liberty St
- 🕐 平日08:00～21:00
  週六11:00～20:00
  週日11:00～19:00
- 💲 $$
- ➡ 搭地鐵**E**到World Trade Center
- 🗺 P.284／B2

Gotham West Market
- ✉ 600 11th Ave (44th St與45th St間)
- ☎ (212)582-7940
- 🕐 週日～四08:00～22:00，週五～六08:00～23:00
- 💲 $$
- ➡ 搭地鐵**A**、**C**、**E**至42nd St-Port Authority
- 🗺 P.274／A5

Time Out Market New York
- ✉ 55 Water St, Dumbo Brooklyn
- ☎ (917) 810-4855
- 🕐 週日～四11:00～23:00，週五～六11:00～00:00
- 💲 $$
- ➡ 搭地鐵**F**至York St；**A**、**C**至High St-Brooklyn Bridge

休閒快餐店
FAST CASUAL RESTAURANT

Fast Food是速食連鎖麥當勞、肯德基，那Fast Casual是什麼？可以吃嗎？Fast Casual是紐約這幾年快速成長的餐廳類型，雖然也有快速（Fast），但是多了份休閒感（Casual），主要還是在食材、烹煮上比速食店講究，但是不像Sit Down餐廳坐下由侍者點餐，Fast Casual是直接在櫃檯點餐，由工作人員現場準備，結帳後自行端到座位上，很多會是共享餐桌（Communal Table），姑且翻譯爲「休閒快餐」。

譬如說Five Guys漢堡店的薯條是新鮮馬鈴薯而非冷凍，還會列出是打哪兒來的馬鈴薯；墨西哥捲餅連鎖店Chipotle則是選擇題，從站在櫃檯那一刻，工作人員會先鋪好玉米粉餅皮，客人開始選是要加了香菜的白米還是糙米、黑豆還是大紅豆，蔬菜（炒得很入味的青椒）還是做成像肉末的辣豆腐（Sofritas），接著是不同辣度的Salsa辣醬、玉米粒，最後加生菜絲，工作人員包好一捲後結帳。

沙拉連鎖是這一波「休閒快餐」的大軍，尤其是在辦公大樓密集的中城，每個街口都可見到不同沙拉連鎖的身影，更誇張的是，午餐時間還大排長

龍，因為千禧世代的消費者不想再隨便塞個三明治果腹，他們對食材的新鮮度跟獲取更多的蔬菜有著強烈的需求。

　　當然這些連鎖店也改造了傳統沙拉只有萵苣跟葡萄乾以及高熱量醬汁的缺陷，取而代之的是，他們選擇與本地的農場合作，採購各式當季的蔬果，也在沙拉的種類上下功夫，最深得我心的是搭配了各式穀類、豆腐的溫沙拉鉢，如此一來，沙拉不再是生冷、無聊的吃草，而是一頓營養均衡又無負擔的正餐。

　　不管是Sweetgreen、Just Salad、Chopt、Salald&Co，點餐的方式都很類似，可以選擇他們已經調配好的沙拉或鉢(看板上會列出所有的原料，通常有「V」的代表全素)，也可以像Chiptole那樣自己選，先選基底(穀類或生菜)、鋪上不同種類的原料(如堅果、根莖類蔬菜等)、蛋白質(豆腐、香菇、肉類等)，最後再選擇醬汁，所以說，就算每天都往同一家店報到，也可以天天吃到不一樣的料理，因為排列組合有夠多種。

　　這些沙拉連鎖想傳達的是，有別於傳統速食硬把每一種食物做成一模一樣的口味而必須仰賴添加物，隨著季節更迭、本地農場的貨源不同，即便是連鎖店，食物

還是應該有不同的風味。另外，這些店的內裝通常寬敞、明亮，是很舒適的用餐環境。

有別於沙拉連鎖店，**Dig Inn**的策略也是讓消費者選擇基底（穀類）、蔬菜、蛋白質，但因為選擇都為熟食，所以想吃整碗熱食的時候會想來Dig Inn，從2011年開第一家店，到現在的26家分店，顯然愛吃熱食的不只有華人。Dig Inn與本地小農合作，選擇使用因為長相不美而進不了超市的蔬果來降低成本，同時減少浪費。

中式食物在這一波休閒快餐的浪潮裡其實也占有一席之地，以涼皮（手撕麵，口感比刀削麵軟，麵團的做法不同）著稱的**西安名吃**，原本只是法拉盛商場裡的小攤，我第一次吃是位於曼哈頓的東村分店，當時就被那酸、鹹度恰到好處的「祕密醬汁」、配上軟Q的涼皮、灑上豆芽及香菜的涼拌涼皮所征服，每隔一陣子就會莫名想吃，嗜辣者應該也會很愛他們家的特調辣醬，現在他們幾乎已經展店到曼哈頓的每一區。

另一家**君子**（junzi）則是從耶魯大學起家，創辦人原本是耶魯的學生，卻在宿舍賣起料理進而創業，這裡的食物以北方麵食為主，如刀削麵、炸醬麵、腐乳醬、春餅等，也許對台灣人並不稀奇，但是此地的媒體對其讚譽有加，對想吃家鄉味又想兼顧用餐品質的我們也是福音。

Five Guys
http www.fiveguys.com

Chopt
http www.choptsalad.com

Sweetgreen
http www.sweetgreen.com

Just Salad
http www.justsalad.com

Salad&Co
http www.saladandco.com

Chipotle
http www.chipotle.com

Dig Inn
http www.diginn.com

西安名吃
http www.xianfoods.com

君子 junzi
http www.junzi.kitchen

街頭小食
STREET FOOD

紐約其實也是有路邊攤的，尤其是近幾年餐車興起，雖然不能像台灣一樣坐下來吃，但是在街口隨便找個地方坐下或邊走邊吃，也沒啥丟臉的，因為大家都這樣。

原本紐約的街頭只有賣熱狗、烤花生跟椒鹽蝴蝶餅（Pretzel）的推車，或是專賣培根、瑪芬的早餐餐車，不怎麼好吃就算了還不便宜，這一點不得不說台灣的餐車走在很前面，當年還在台北上班的時候，每到午餐時間，樓下就有小發財改裝的便當車載來熱騰騰的菜飯；而紐約的餐車文化，比較具體的發展是2005年時，針對餐車頒發了美食獎（The Vendy Awards），25個被提名的餐車每年會聚集在總督島（Governors Island）較勁，主辦單位以售票方式讓民眾每攤吃喝一遍再評選出得獎者，藉此為餐車基金會募款來幫助餐車業主，舉辦了15年之後，主辦單位認為餐車文化已屆成熟，他們將功成身退尋覓更好的方式來募資。

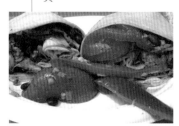

　　可不是嗎？如今紐約的餐車可是進入搶地盤的局面，就以我平常下班經過的Downtown Brooklyn蘋果電腦前的人行道兩邊爲例，每天都聚集了4、5家餐車，從墨西哥捲餅、龍蝦堡、熱狗到薯條一字排開；至於較早進入戰局的Halal Food（清眞食物，穆斯林可食），則幾乎發展到每個街口都有的地步，我家附近的購物區甚至一個路口就有兩家相望。

　　究竟這些餐車都在賣什麼呢？目前以墨西哥、中東食物爲大宗，也有零星的亞洲食物，如煎餃、煎餅等，如果到了華人區，會有即拉腸粉、烤肉串等，其實就跟所有的食肆一樣，判斷食物好不好吃、新不新鮮，看有沒有人排隊就是了（當然啦，冷門時段就不準了）。

　　餐車食物的種類通常精簡，如墨西哥食物，有些只賣包裹不同餡料的Empenada（唸作「安潘那達」），其實很像我們的韭菜盒子，不過麵皮比較厚而且是油炸的，一般會包肉跟起司，現在也會有蔬食的選擇。而Taco（塔可）跟Burrito（墨西哥捲餅）通常會一起賣，因爲材料類似，都是用玉米粉餅皮製作，都可以選擇肉類或蔬菜配上黑豆或大紅豆跟飯，Taco是小張的，食材放在上面直接手拿起來吃，通常一份2個，Taco會多給Salsa醬（番茄辣椒醬）跟萊姆塊，吃前擠汁，酸辣好吃，是有點餓又不會太餓時的正餐。

Burrito是用大張餅皮把食材捲起來，像是澎風的潤餅捲，很餓的時候則需要一捲Burrito才夠，滿滿的料一口咬下，雖然通常因餡料散落而吃得有些狼狽，但是吃街邊食物沒人在看吃相的吧？

至於中東食物則以Gyro（袋餅）及蓋飯為主，中東餐車通常會問是否要加白醬或紅醬，白醬是以希臘優格、美乃滋、白醋、調味料等調製，紅醬則是辣醬，

請小心服用，因為可能會眼冒金星。

而本地的街頭小食當然不能不提Bagel（貝果），紐約人總愛說這裡的好水造就了所向披靡的比薩跟貝果，除了知名的專賣店，如上西城的Absolute Bagels，或是下東城1914年開幕，已經傳到第四代的Russ & Daughters（兩家都要排隊等候），其實一般街角的專賣店也都在水準之上，罌粟子、大蒜、芝麻、洋蔥或是全部都有的Evertything口味，很難吃到難吃的（星巴克除外，採購該檢討）。

唯一能和紐約貝果匹敵的是加拿大蒙特婁口味貝果，雖然兩者都是將麵團先用熱水煮過再烤以增加彈牙度，蒙特婁貝果在水中加入了蜂蜜所以本身就有些甜味，加上是用燒木頭的烤箱烤，所以外皮有脆感，紐約的吃起來比較有咬勁。和貝果搭的Cream Cheese現在也有豆腐做的，口感一樣綿密。

咖啡文化
COFFEE CULTURE

紐約咖啡粗略可分為3大類型，巷口雜貨店（Bodega）的現煮咖啡、滿街都是的星巴克，以及文青風的咖啡館，3種井水不犯河水都活得很好，可見咖啡因中毒的紐約人有多少，尤其是冰咖啡，每天早上，即便是下雪的日子，還是會在地鐵上看到輕啜冰咖啡的人，這是我至今依然無法理解的事。

Bodega的咖啡在早上尖峰時段一壺接一壺的煮，多數是自助式，咖啡自己倒，糖、奶精自己加，因為新鮮所以好喝，一杯1～1.5元，是星巴克每日咖啡的一半，但是星巴克的咖啡因強度讓很多人無法自拔。當然，星巴克其實也是很多人的K書中心跟洗手間。

至於幾家受歡迎的文青咖啡也自成一格，從一家開到迷你連鎖，他們的強項是單一產地、自家烘焙的咖啡豆，義大利咖啡（Espresso）為基底變化出不花俏的選項（沒有星冰樂但通常有抹茶拿鐵）、很潮或極簡的裝潢，有個性也很會拉花的咖啡師（Barista），都有堅果奶或燕麥奶選擇，走進店裡幾乎每個桌上都是蘋果電腦（零星PC會躲在角落），想當紐約的文青，走進以下任何一家連鎖店馬上變身。

紐約餐廳的消費

紐約的消費不低是眾所皆知的，尤其是餐廳消費，除了菜單上的定價外，還要加上8.875%的消費稅(Sales Tax)及15～20%的小費(Tips)。所以如果吃了一頓10元的餐，不管是刷卡還是付現，金額都不只10元，情況是這樣的：

10(餐)＋10×8.875％＝10.875 (含稅價)
10.9×0.15＝1.63 (小費)
10.9＋1.63＝12.53 (總額)

帳單上都已經列出稅的金額，為了方便計算，只要將稅乘以2，就是該付的小費(8.875×2＝17.75，四捨五入\$1.8)。如果再斤斤計較些，通常午餐只需付15%的小費，而晚餐為18～20%，所以算出來的金額再加加減減即可。值得注意的是，現在很多店家會直接列出小費金額，有些會從18%起跳，如果是中餐，只需15%即可。

小費可以不付嗎？

紐約餐廳的侍者底薪十分微薄，因此大多靠賺取小費，所以除非服務真的差到令人難以忍受(我們吃過這麼多家餐廳還沒有碰到過)，小費還是照行情給吧！如果只留一把零錢可是滿難堪的。

Birch Coffee
兩個帥哥從交友網站OK Cupid相遇，他們從卡關的人生開啟讓人相遇的咖啡館。
http birchcoffee.com

Devocion
自然採光、室內盆栽，彷彿在溫室裡喝咖啡。
http www.devocion.com

La Colombe
兩個好友深覺美國人值得更好的咖啡，除了咖啡店外也有罐裝產品。
http www.lacolombe.com

Partner's Coffee
原名Toby's Estate Coffee是澳洲母公司品牌，為了反映布魯克林的出身，現更名為Partner's Coffee。
http www.partnerscoffee.com

Stumpton
來自文青城市波特蘭，但在布魯克林設有烘焙廠，冰滴咖啡好喝，也有提供玻璃瓶裝。
http www.stumptowncoffee.com

Think Coffee
紐約本土咖啡連鎖，標榜社企精神，照顧咖啡小農利益。
http www.thinkcoffee.com

Ethnicity
New York
多|元|紐|約

文化大熔爐的代表
紐約多元種族與飲食

雖然已經花了極大篇幅介紹紐約的餐廳，曼哈頓的餐廳就算再道地，多多少少已經美國化，如辣度降低、甜度升高。偏偏紐約眾多移民仍然以皇后區、布魯克林區為大本營，所以如果你只求道地美食，而不求餐廳氣氛，也不計較舟車勞頓，深入這些移民聚集區就省了你旅行到該國的機票，因為除了美食外，還有該族裔的雜貨、藝品等。

Astoria 皇后區　[希臘區]

推 薦 覓 食 點

Elias Corner

✉ 24-02 31st St, Queens

☎ (718)932-1510

🕐 週一～六16:00～00:00，週日12:30～00:00

💲 $$

➡ 搭地鐵 N 至Astoria Blvd

Astoria區是希臘以外最大的希臘人口聚集地，從地鐵站一走出來，就可以看到不少希臘的雜貨店、熟食店、烘焙店，也有希臘東正教教堂。不要錯過清爽健康的羊起司沙拉（Goat Cheese Salad）、包裹著米、蒔蘿（Dill）、薄荷及檸檬的葡萄葉捲（Stuffed Grape Leaves, Dolmathakia）。此外，燒烤海鮮也是希臘食物的招牌。

Bay Ridge
布魯克林灣脊區

[阿拉伯區]

我目前住的布魯克林灣脊區（Bay Ridge），原本是義大利區，所以只要一出巷口，就可以吃到皮薄香脆的Pizza及有著濃濃起司的義大利甜點。不過隨著包頭巾穿長袍的伊斯蘭女子成群結隊出現、巷口24小時營業的雜貨店，清一色是操阿拉伯口音的員工時，我才驚覺到，這裡已逐漸被回教徒征服了。

不過這年頭，回教徒無須仰賴左持可蘭經、右持寶劍來征服異教徒，因為美食才是絕佳武器。在台灣街頭隨處可見的「沙威瑪」這兒其實不多見，Falafal才是正宗。Falafal是用鷹嘴豆泥做成丸子，炸到酥脆、卻不油膩的中東食物。

除了Falafal之外，其實中東甜點也都很好吃，Baklava被烤成金黃色，口感酥脆、夾著切碎的堅果，以蜂蜜或糖漿黏合，甜而不膩。

既然大老遠來到此，不妨到水岸走走，Shore Road觀景台（Shore Road Promenade）有著7.2公里的完善自行車道及步道，而且一路都有長椅可休息、遠眺連結史坦頓島及布魯克林，1964年完工時為世上最長懸索橋Verrazano-Narrows Bridge（目前仍為全美最長懸索橋），或是坐看大船進出紐約港。

推 薦 覓 食 點

Tanoreen

✉ 7523 3rd Ave, Brooklyn
（76th St與Bay Ridge Pky間）

📞 (718)748-5600

🕐 週二～五12:00～22:00，週六10:30～22:30，週日10:30～22:00

休 週一

💲 $$

➡ 搭地鐵 R 至77th St

Sunset Park 布魯克林日落公園 [墨西哥區]

推薦覓食點

Las Rosas Bakery

✉ 5824 4th Ave, Brooklyn
(59th St與58th St之間)

📞 (718)492-1470

🕐 24小時營業

💲 $

➡ 搭地鐵N、R至59th St

紐約最大的墨西哥社群，就像到中國城會看到滿街的中文招牌，這兒的招牌只有西班牙文跟墨西哥旗海飄揚。Las Rosas Bakery雖然名為麵包店，其實是墨西哥式的24小時快餐店，從早餐、墨西哥春捲（Enchiladas）、起司淋醬玉米片（Nachos）等都有，當然也有墨西哥麵包、布丁、蛋糕等，是很經濟實惠的庶民食肆。

Borough Park 行政區公園 [猶太區]

推薦覓食點

Schreiber's Homestyle Bakery

猶太麵包如Challah(除了麵粉，雞蛋為主原料，所以顏色偏黃)及各式各樣的蛋糕、餅乾。

✉ 4204 14th Ave, Brooklyn
(42nd St路口)

🕐 週日～四07:00～20:00，週五07:00～15:00，週六休息
(註：週六為安息日，多數店家會休息)

💲 $

➡ 搭地鐵D至50th St

位於布魯克林西南方，是以色列以外最大的正統猶太（Orthodox Jewish）人口聚集地，一出地鐵站，即可看見戴帽、捲捲髮、白襯衫的男性，深色系、裙裝的女性，後面還跟著各年齡層孩子的家庭。因為宗教信仰，正統猶太人家庭通常人丁興旺，一家平均有6.72個小孩，因此有「嬰兒潮之都」（Baby Boom Capital）的暱名。這區的食物幾乎都是Kosher（符合猶太教規的食材，有「潔淨、完整、無瑕」之意）。

Jackson Heights 皇后區傑克森高地

[印度區]

空氣中瀰漫著印度香料及薰香，相較於曼哈頓東6街專做觀光客生意的印度餐廳，這裡才是老饕大啖印度咖哩的天堂，沒有西塔琴現場演奏來招攬客人，純粹以食物取勝。吃飽後還可以到附近好幾家的印度服飾店買件紗麗（Sari）回去呢！

推 薦 覓 食 點

Jackson Diner
- ✉ 37-47 74th St, Queens (Roosvelt Ave與37th Ave間)
- ☎ (718)672-1232
- 🕐 週日～四11:00～22:00，週五～六11:00～22:30
- 💲 $
- ➡ 搭地鐵7、E、F、M、R至 Roosvelt Ave-Jackson Heights

Arthur Avenue 布朗士亞瑟大道

[義大利區]

當曼哈頓的小義大利區已經被中國城鯨吞蠶食，布朗士的義大利區卻日益茁壯。一天跟友人約這區吃飯，我的義大利裔友人為了怕我找不到這家南義大利家庭式餐廳，她鉅細靡遺地教我如何搭地鐵轉搭公車來此，經過2個小時的折騰，終於來到這家沒有菜單、沒有標價，只收現金的餐廳。剛開始我們有些遲疑，但是當清蒸朝鮮薊、烤茄子義大利麵上桌的那一剎那，我們理解到為什麼幾乎滿座的客人心甘情願任由廚房宰割，而帳單揭曉時，我們的結論是「不管有多遠，下次一定要再來！」

推 薦 覓 食 點

Dominick's
- ✉ 2335 Arthur Ave, The Bronx (Crescent Ave與187th St間)
- ☎ (718)733-2807
- 🕐 週一、三～六12:00～21:30，週日13:00～20:30
- 休 週二
- 💲 $$
- ➡ 搭地鐵5至3 Ave-149th St，轉乘B15巴士到3Ave/184th St

NY A-Z
Festival
New York
節｜慶｜紐｜約

紐約一年到頭幾乎都有大大小小的節慶活動，說穿了就是各種族裔、各種團體逮到機會占據了整條第五大道，展現自我兼狂歡作樂，紐約客及來自各地的觀光客相親相愛在一旁助陣助興，呈現一片歌舞昇平的景象。

在這兒住了數年總算有機會在每個慶典插上一腳。其實很多紐約客在這兒住了一輩子未必湊過幾次熱鬧，他們的理由是：反正每年都有，不然就是人太多了看電視還比較清楚。表面上裝酷，其實根本就是懶。

還是觀光客們最勤快，把握短暫的停留時間、極盡享樂之能事，把紐約的節慶氣氛炒到最高點。雖然我也時常抱怨曼哈頓隨時隨地都是橫行霸道的觀光客，但沒有他們，紐約的節慶會黯淡很多。節慶遊行結束後，當天許多地方都會有相關活動，不妨留意此地的情報誌（見P.102），徹底玩個夠！

Chinese New Year 中國城 · 農曆1月1日

[2月 · 農曆新年]

近年來「Chinese New Year」這個詞變得很政治不正確，反對者說農曆新年不只有華人慶祝，亞洲其他國家也有，所以應該改爲「Lunar New Year」。但嚴格來說，華人還是慶祝農曆新年的最大族裔，紐約三大中國城（曼哈頓、布魯克林8大道、法拉盛）會在農曆年期間的週末舉辦遊行。

某種程度上，曼哈頓唐人街的華人新年比台北更有年味。起碼在遊行的那一天，舞龍、舞獅出動，長串鞭炮震耳欲聾，商家也都應景地擺出春聯、吊飾、紅包袋、棉襖、瓜皮帽共襄盛舉。

St. Patrick's Day
第五大道 · 從50街～83街 / 3月17日

[3月 · 聖派屈克節]

紐約的愛爾蘭移民後裔眾多，且勢力龐大，紀念愛爾蘭聖人聖派屈克的遊行也頗具規模，輕舞飛揚的幸運酢醬草將中城一片綠化，穿著傳統愛爾蘭服飾的遊行隊伍一路吹著風笛響徹雲霄；遊行結束後，全城的愛爾蘭酒吧早已好整以暇地供應大量Guiness黑啤酒，要讓大家不醉不歸。

位於東村的**McSorley's**從1854年開張，即使在1920的禁酒年代，McSorley's與聯邦探員大玩捉迷藏，置禁酒令不顧營業至今。強力的啤酒、加上燒木柴的壁爐，烘得老中青三代面色紅潤，還有以愛爾蘭主食馬鈴薯做成的牧羊人派（Shepherd's Pie），以高澱粉加速催化酒足飯飽。

McSorley's Old Ale House
✉ 15 E 7th St (3rd Ave路口)
☎ (212)473-9148
➡ 搭地鐵R至8th St-NYU
MAP P.280 / B3

Easter Parade

第五大道 · 從49街～57街 / 4月的復活節週日

[**4月 · 復活節**]

復活節遊行在紐約可回溯到1870年代，當時貴族盛裝打扮到教堂做完復活節禮拜，出來跟朋友打招呼也慶祝春天的到來，傳統延續至今，焦點成為帽子的選美，各式美帽搭配全身造型爭奇鬥豔，連毛小孩都不輸陣！

Mermaids Parade

布魯克林 · 康尼島海邊步道，靠近W12街 / 6月最後一個週六

[**6月 · 美人魚遊行**]

從1983年舉辦至今的「Mermaids Parade」雖美名為美人魚遊行，更精確地說應該是一群精心裝扮的暴露狂，趁著炎炎夏日到海邊坦胸露乳供大家欣賞拍照、還有警察保護，外加蝦兵蟹將不時在旁搔首弄姿。

Gay Parade
第五大道 · 從26街～Christopher街 / 6月最後一個週日

[6月·同志大遊行]

　　6月是「同志榮耀」（Gay Pride）月，整個6月都有大小同志活動，在大遊行達到最高潮，彩虹旗旗海飄揚、變裝皇后腳踩3吋高跟鞋昂首闊步，一整車的百老匯音樂劇演員載歌載舞，讓雀爾喜一帶的公寓陽台成為最佳觀景台，樓上六塊肌猛男與金剛芭比搖旗吶喊，與街上的遊行隊伍相互輝映。

　　以往遊行隊伍進入西村後解散，但大量人潮湧入過於擁擠，現在遊行行經西村後結束於雀爾喜，接下來好戲才正要上演，整個西村、雀爾喜的酒吧裡裡外外都是人，不管同性戀、異性戀還是雙性戀，都在彩虹旗下達成世界和平的共識。

Macy's 4th of July
施放點每年調整 · 7月4日

[7月·梅西國慶煙火]

　　烤肉、喝啤酒、看煙火，是美國人歡度國恩家慶的儀式。煙火的施放地點以東河（East River）為主，但是位於東河的哪一段則每幾年會調整，可以確定的是，每年都會湧入5萬以上的人潮，要從河邊看的話都要至少傍晚就要去卡位，等21:20施放煙火。

Halloween

第六大道・從Spring街～16街 / 10月31日

這是全美唯一的萬聖節遊行，整個西村群魔亂舞、血腥護士與吸血鬼是最佳拍情侶檔，八腳蜘蛛勾搭上了蛇蠍女搞得天翻地覆！

Thanksgiving Day Parade

上西城・從Central Park West及77街口～34街
梅西百貨 / 11月第四個週四

[11月・感恩節遊行]

梅西感恩節遊行的重頭戲不是火雞，而是由皮卡丘、史奴比、麥當勞叔叔等十幾個巨型氣球組成的遊行隊伍，飛過中城摩天大樓林立的天空，地上手持細繩的「掌球人」在遊行前還必須經過密集特訓，學習如何操控氣球。在遊行前一天，玩偶氣球在充氣飛天前會在上西城列隊展示，供民眾近距離觀賞。最佳觀賞遊行點在59街的哥倫布圓環（Columbus Circle）。

Christmas
洛克菲勒廣場 · 11月最後一個週三

[12月 · **聖誕節**]

洛克菲勒的巨型聖誕樹每年都是由專人到民眾的後院搜尋來的。此地媒體還會追蹤聖誕樹運送、布置過程，一直到連線轉播點燈儀式，畢竟這是全美國、甚至全世界最有名的一棵聖誕樹。聖誕樹將會發光發熱持續整整一個半月。

New Year's Eve
時報廣場 · 12月31日

[12月 · **除夕倒數**]

時報廣場的倒數計時，奉勸你如果不是七早八早就加入排隊的行列，同時有耐冷、憋尿的能力，還是留在家看電視轉播吧！據說如果想拔得頭籌站到舞台前方，有機會跟媽說「我上電視了」，至少早上10點就要到場，接著警察會階段性撤除圍欄，後面一波波人潮陸續湧上，你可以和陌生人聊天消磨時間，再一起看水晶球落下迎新年。

Gay & New York
Lesbian
同|志|紐|約

gay & lesbian new york gay & lesbian new york
gay & lesbian new york gay & lesbian new york

大家都覺得紐約是個很「Gay」的城市，我的Gay友們從台灣來此尋歡作樂，我的「蕾絲邊」友人每隔一陣子就開著她的跑車，從紐澤西來西村「蕾絲邊吧」喝啤酒，當然啦，醉女之意不在酒。儘管如此，紐約並不如想像中的「Gay Friendly」，也不如想像中的開放，從一篇《Metro》日報（此地的免費刊物，見P.103）上的讀者投書，以及其所引起的廣大迴響，就可以看出同志在紐約的處境。

紐約客兼容並蓄，種族與性向也包含其中

第一篇投書是住在The Bronx的媽媽所提的，她說她5歲的兒子在地鐵上看到一對女同志親吻馬上變臉，轉過頭來問她：「她們爲什麼要這樣？」這位母親有感而發地說：「同志是孩子的錯誤示範，他們應該檢點。」隔兩天，有3篇讀者投書都針對此一主題提出了他們的看法，住在紐約州的安東尼歐說：「父母應該負起對子女教養的責任，他自己的經驗是他父母在他接觸到不同宗教、政治的議題時，都會仔細解釋給他聽。」紐澤西的亞當斯則說：「我希望如果哪天妳兒子問到說，爲什麼

某人的皮膚是黃的、某人的眼睛顏色跟他不一樣時，妳不會也回答不出來。」皇后區的巴特說：「答案很簡單啊，她們彼此相愛啊！愛、承諾、忠誠是值得鼓勵的，恐懼、偏見及怨恨才是最糟糕的示範。」有趣的是，以上的回應者並沒有特別為同志說話，他們只是表達了愛與包容異己的支持。

在寫此篇章時，原本打算請常在臉書上曬恩愛，也求婚成功的紐約同志友人分享他們的故事，沒想到他說其實家人還不知道，他還在找機會「出櫃」；雖然美國已經在2015年6月25日由高等法院判決美國50州同性婚姻合法化，顯然並不代表同性伴侶就直接受到加持，再對照上述的讀者投書內容，多年過去了，我們還在學習如何免於恐懼的愛。

同志平權運動濫觴：
「石牆暴動」(Stonewall Inn Riots)

60年代的紐約，同性戀在公開場合展現親暱舉動依然非法，更遑論跨性別的變裝者(Transgender)，他們被歧視的程度包括如果警察臨檢，女警可將他們帶去廁所脫衣驗性別。在這樣的氛圍下，同志酒吧成為這些族群社交、取暖的地方，而位於格林威治村，由黑幫經營的「石牆酒吧」(Stonewall Inn)因為消費低廉，深受同志、跨性別者喜愛。

當時因黑幫賄賂貪腐的紐約警察，石牆酒吧的客人總能安然度過臨檢。1969年6月28日這一次卻不同，酒吧並未事先獲得通報，警方臨檢時將十幾名客人及員工粗暴地拖出酒吧，當一名女同志被警察押上車時頭部遭擊而向圍觀者求助，此時累積不滿情緒的群眾開始向警察丟擲銅板、瓶罐、石頭，接下來的4、5天，附近都聚集了上千人抗議，此為「石牆暴動」。

「石牆暴動」喚醒了同性戀、跨性別族群的平權運動意識，短時間內，各式團體、媒體紛紛成立，伸張正義，影響深遠。2016年，當時的總統歐巴馬將石牆酒吧、周邊街道及對街的Sheridan Square Viewing Garden，列為國家紀念性建築。紐約警局也在「石牆暴動」50週年時正式為當年的行為道歉。

各型各樣，十足紐約雜混風格

　　雖然紐約的同志區目前以西村、東村、雀爾喜、地獄廚房為大本營，但其實紐約同志是無所不在的。有一回我在SoHo區逛家具店，一上樓迎面而來的是一個俊帥英挺的金髮美男，正忍不住打量時，才發現比他更帥的另一半正對他微笑，「唉，一次就損失了兩個！」我常跟Gay友抱怨他們搶走了我們的男人。隨著同志族群逐漸成為主流文化的一部分，他們似乎也不再需要「特立獨行」來標籤化自己，所以原本彩虹旗飄揚的大本營，近年插旗的店家數減少，而同志族群平時也和你我一樣穿著打扮，但是說他們就是時尚嗅覺敏銳些、對體態更在意，或是「Gaydar」（「Gay Radar」的簡稱，同志雷達）隨時開機狀態，我想沒人會提出異議。

　　在台灣時，朋友帶我去台北著名的Gay Bar「Going」，要讓我見識什麼叫做「女生的人間煉獄」，因為那些猛男對女生而言都是「只能遠觀不得褻玩焉」，當時只覺得朋友的形容頗傳神；但來到雀爾喜的Splash Bar（SBNY）才真的受到驚嚇及刺激，因為每一個Bartender都是一時之選，他們工作時就裸著上身，無怪乎吧檯前永遠門庭若市，重頭戲是他們清場、搬桌椅時還有段熱舞呢！有鑑於80年代的愛滋讓同志蒙上不健康的陰影，SBNY才把裸男熱舞帶進來，扭轉同志的形象。

　　可惜的是，這家娜姐、小甜甜布蘭妮、凱蒂佩芮都是常客也登台表演的SBNY，在營業22年後吹熄燈號，經營者說因為同志族群往東村、地獄廚房搬遷，SBNY的榮景不再，所以不想再撐下去。

紐約「女同、男同、雙性、變性社區中心」(The LGBT Community Center)是1983年成立的非營利性組織，來此附設的「Think Coffee」喝咖啡，也可以尋求該中心的支援，感受紐約LGBT族群的活力。想要進一步狂野動作派的同志，則得先上網做功課查時間，因為這些真槍實彈的俱樂部，很多已轉成「轟趴」以免太過招搖，連NYPD都來插一腳，堪稱「世上最讚的酷兒玩耍派對」(The best queer play party in the whole world)的SUBMIT就屬於這種方式。經同志密友帶路探險結果，真的只能用「道具齊全」、「群魔亂舞」來形容，至於細節恕我保留，以免被馬賽克。

同時也發現原本開放給所有酷兒的玩耍派對，現在只限女同志及變性人參加了，網站上的描述很具體，場地會提供「捆綁道具」、「群交間」、「打屁屁長椅」等等，我有種瞬間被打臉的感覺，因為現在的拉拉們可不再含蓄了，不得不說，妳們好樣的！

台灣同婚合法推手祈家威以「社區英雄」的身分參加 2019 年的榮耀遊行

紐約同志必備情報誌

可在同志活躍區域的報箱取得，它們的官網也都有詳細的資料。

《Gay City News》
關注同志、雙性、變性族群議題，也有劇場、電影、音樂評論的免費週報。
🌐 www.gaycitynews.nyc

《Go Mag》
標榜「給各地城市女孩的文化藍圖」(The Culturle Road-map For City Girls Every where)其中也包含了約會建議。
🌐 www.gomag.com

《MetroSource》
同志族群的生活型態雜誌，提供活動、資源、娛樂、旅行等資訊。
🌐 www.metrosource.com

同志夜店推薦

Boxers Gay Sports Bar
一如名字裡的「boxers」，這裡的酒保只穿一條拳擊手內褲，點進官網就可以看到酒保們搔首弄姿影片，在曼哈頓雀爾喜、地獄廚房、華盛頓高地都有分店。
🌐 www.boxersnyc.com/home.html

SUBMIT
上網加入會員名單會收到最新活動訊息。
🌐 www.brooklynredproductions.com/submit

The Ritz
DJ坐鎮、音響效果佳，空間寬廣、氣氛超嗨的酒吧及酒廊。
✉ 369 W 46 St (9th Ave路口)
➡ 搭地鐵A、C、E至42nd St
🌐 www.ritzbarandlounge.com
🗺 P.274／C5

Ginger's Bar
位於公園坡，低調、友善的女同志吧。
✉ 363 5th Ave, Brooklyn (5th St路口)
➡ 搭地鐵R至9th St

LGBT Community Center Think Coffee
✉ 208 W 13th St (7th Ave與8th Ave間)
➡ 搭地鐵1、2至14th St
🗺 P.278／D1

Henrietta Hudson's
歷史悠久的女同志吧，有撞球台、飛鏢靶，乍看跟一般的Bar差不多，有創作型歌手的現場演出，也有DJ及80年代音樂。
✉ 438 Hudson St (Morton St路口)
➡ 搭地鐵1至Houston St
🗺 P.278／D5

Hotels

New York

住│宿│紐│約

剛來紐約那些年人緣突然很好，就算是失聯的國中同學也會突然冒出來說她要從西岸搭跨州巴士一路玩到紐約，方不方便打擾一宿？或是高中同學跟她的一票同事說要來玩，「那我們可以住你們家？」「嗯，可是我們家很小耶！」「沒關係，我們有睡袋可以打地鋪，而且我們都會早出晚歸。」「……」就算朋友很識相又有預算，問題還是沒有解決，「我們要來紐約，可是不知道要選哪一家飯店，可以請妳推薦嗎？」這可難倒我了，我沒機會住飯店，而且，那些高檔飯店住一晚，就夠我付半個月房租了！

在此不得不藉機跟我的親朋好友，或對紐約人有誤解的人澄清，我們真的很歡迎你們來，但是既然大老遠飛來，讓你們委屈打地鋪實在讓我心中過意不去。但紐約居住大不易，紐約人平均每花1塊錢，便有4角1分是花在住宿上，換言之，就是收入的一半都貢獻給房東了！1間10坪不到的套房，如果位於曼哈頓上東城鄰近地鐵站，一個月1,800元跑不掉，折合

台幣就是54,000元！雖然紐約平均薪資水平比較高，但還是一筆頗重的負擔，所以很多人都選擇住在布魯克林或皇后區，租金比較便宜，但通車到曼哈頓中城，基本需要40分鐘到1小時，對於只來玩1個禮拜、又以曼哈頓為主要觀光景點的人而言，似乎不太划算。

入住紐約飯店，荷包要充足

再談到飯店，紐約的飯店是只要你肯砸錢，就不怕享受不到彷彿置身雲端的恩寵。只要你一晚有300元以上的預算(請注意，300元只是起跳，多數一晚可到500元，而且這還是不合稅價)，就可入住頂級名牌設計師、建築師、寢具、保養品為你聯手打造精品飯店。就算是一般平價的連鎖飯店(如Red Roof、Best Western等)，到了紐約，檔次未必往上提升，但價格絕對是在別的城市的2～3倍，一個晚上至少200元。

當然啦！不是沒有一晚150元以下的飯店，但是據住過的朋友表示，真的是「極簡」發揮到極致，除了1張床、1張桌子、1盞燈外，就家徒四壁

了，還未必含衛浴，只是因為它位於曼哈頓而已；如果預算低於50元以下，就必須與6～10人共處一室睡上下鋪，衛浴在外面，重點是旺季還一床難求。除了短期度假的遊客外，我發現其實滿多台灣人來紐約都傾向待1個月、甚至更長的時間，可能是來遊學，或藉充電之名行玩樂之實的，而針對長期住宿的需求，紐約也有各式的選擇，留待後面詳述。

New York City

TOP 20 最佳飯店

知名旅遊雜誌《Conde Nast Traveler》了解在紐約住宿的辛苦，直接向消費者取經，由42萬9千名讀者票選出60家紐約最佳飯店，礙於篇幅限制，在此僅列出前20名。

The Chatwal, A Luxury Collection Hotel

位於劇場區(Theater District)，由演員住宅改建的裝飾藝術風格(Art Deco)飯店，極簡奢華、鬧中取靜，服務視客人如家人。

- ✉ 130 W 44th St
- ☎ (212)764-6200
- $ $495
- http www.thechatwalny.com

01

The Langham New York Fifth Avenue

位於五大道帝國大廈旁，以曼哈頓標準來說，是大尺寸且自然光飽滿的房間，紐約Alex Katz的人像原畫讓飯店充滿鮮活現代風格。

- ✉ 400 5th Ave
- ☎ (212)695-4005
- $ $495
- http newyork.langhamplacehotels.com

02

1 Hotel Central Park

飯店主打環保，綠意盎然的外牆是回收材質，保水功能強，房內大麻纖維床墊鋪上有機棉床單，還能坐在窗檯座墊上眺望中央公園。

- ✉ 1414 6th Ave
- ☎ (212)703-2001
- $ $500
- http 1hotels.com

03

The Lowell

位於上東城安靜街區，由前白宮布置人員打點的古董、摩登混搭風格，搭配鮮花及壁爐，讓人坐下去就不想起來的沙發，低調奢華盡收體驗。

- ✉ 28 East 63 St
- ☎ (212)838-1400
- $ $900
- http www.lowellhotel.com

04

1 Hotel Brooklyn Bridge

位於布魯克林橋旁，遠眺曼哈頓下城天際線的視野是賣點，屋頂酒吧是附加價值，原木風格安定身心，接駁車提供3英哩內接送。

- ✉ 60 Furman St, Brooklyn
- ☎ (877)803-1111
- $ $458
- http www.1hotels.com

05

Viceroy Central Park New York

位於中城精華地段小而美、典雅不失休閒的精品飯店，適合想一網打盡曼哈頓景點又想有回到家感覺的旅者。

- ✉ 120 W 57th St
- ☎ (212)830-8000
- $ $400
- http www.viceroyhotelsandresorts.com

06

Library Hotel by Library Hotel Collection

位於紐約中央圖書館對面，飯店60間客房中，擺放根據圖書館採用「杜威十進分類法」的藝術、歷史及宗教類別藏書。

- ✉ 299 Madison Ave
- ☎ (646)681-4190
- 💲 $426
- http www.libraryhotel.com

07

Baccarat Hotel

Baccarat本身就是水晶精品品牌，所以飯店空間就像超大旗艦店，1萬5千件水晶飾品、水晶燈、餐具等，再以玫瑰花點綴色彩，入住在此像是夜夜晚宴。

- ✉ 28 W 53rd St
- ☎ (844)94-1764
- 💲 $1,044
- http www.baccarathotels.com

08

The Carlyle, A Rosewood Hotel

1930年代的建築及內裝，飯店本身就是件古董，時間彷彿在此停格，適合想體驗老紐約風情的旅人。

- ✉ 35 E 76th St
- ☎ (646)846-2100
- 💲 $950
- http www.rosewoodhotels.com

09

The Peninsula

走進位於第五大道的半島酒店，氣質頓時高尚了起來，貴氣的樓梯及主花布置，正式卻不會過於拘泥。

- ✉ 700 5th Ave
- ☎ (212)956-2888
- 💲 $786
- http www.peninsula.com

10

Hotel Hugo

位於蘇活區的工業風精品飯店，原木地板及核桃色系，義大利地磚浴室，屋頂酒吧一覽下城天際線。

- ✉ 525 Greenwich St
- ☎ (646)495-9868
- 💲 $350
- http www.hotelhugony.com

11

Hotel on Rivington

21層樓明亮現代風，108間客房都是落地窗，中城、布魯克林、皇后區都是景觀的一部分，坐落養生活精采的下東城就不怕晚歸。

- ✉ 107 Rivington St
- ☎ (212)475-2600
- 💲 $345
- http hotelonrivington.com

12

Trump International Hotel & Tower

位於中央公園59街入口對面，每一間客房色系都相當典雅，備有餐桌、小廚房的套房，地點方便之外，樓下就是知名法式餐廳Jean Georges。

- ✉ 1 Central Park West
- ☎ (844)450-6797 💲 $550
- http www.trumphotels.com/central-park

13

Loews Regency Hotel

公園大道的地址足以顯示其尊貴，典雅歐風，連附設咖啡吧供應的都是米蘭式咖啡及甜點，房間標榜配備沙龍專業吹風機，小孩、寵物也歡迎入住，並提供專屬沐浴用品。

- ✉ 540 Park Ave
- ☎ (212)759-4100
- $ $659
- http www.loewshotels.com/regency-hotel

14

The Surrey

位於上東城，原為酒店式住宅，約翰甘迺迪、貝蒂戴維斯都曾下榻於此，中央公園近在咫尺，樓下就是星級法式餐廳Cafe Boloud，適合低調貴氣的旅人。

- ✉ 20 E 76th St
- ☎ (646)647-3122
- $ $486
- http www.thesurrey.com

18

Lotte New York Palace

建築本身是古蹟地標，與聖派屈克教堂毗鄰而居，整體風格古典中透露著摩登，大理石浴室的備品是Molton Brown。

- ✉ 455 Madison Ave
- ☎ (646)490-1830
- $ $416
- http www.lottenypalace.com

15

The New York EDITION

位於熨斗大樓區正對麥迪遜公園，比起中城這裡多了一份悠閒，房間的風格也顯得簡單、細緻，適合MUJI的愛用者。

- ✉ 5 Madison Ave
- ☎ (212)413-4200
- $ $745
- http www.editionhotels.com/new-york

19

Conrad New York

希爾頓旗下最高等級的Conrad，位於曼哈頓金融區砲台公園城，露天酒吧與自由女神遙遙相望，挑高寬廣的大廳讓人忘卻置身摩肩接踵的紐約。

- ✉ 102 North End Ave   ☎ (855)618-4701
- $ $400
- http www.conradhotels3.hilton.com

16

The Beekman, A Thompson Hotel

1880年代的古蹟建築有著令人驚豔的中庭天窗及鑄鐵扶把，這些特色原先被辦公大樓所包覆，直到重新運用才重見天日。2016年開幕的飯店，裝潢以原木、皮革為主調。

- ✉ 123 Nassau St   ☎ (212)233-2300
- $ $399
- http www.thebeekman.com

20

Four Season Hotel New York Downtown

位於世貿中心旁，下城的四季酒店延續了中城的貴氣典雅，無微不至的服務讓出差住上1個月的房客說：「這是家以外的家。」

- ✉ 27 Barclay St
- ☎ (646)880-1999
- $ $950
- http www.fourseasons.com/newyorkdowntown

17

The Top Hotels in NYC

《Conde Nast Traveler》完整票選結果

http www.cntraveler.com/gallery/readers-choice-awar ds-new-york-city-hotels

註：飯店、青年旅館所列房價是住宿一晚的價格(4月)，淡、旺季的價格會有浮動，14.75%的市稅加州稅另計。

對於阮囊羞澀的旅人而言，一晚星級飯店的費用可能就是他們全部的住宿預算，還好紐約也是有台幣2,000元以下的選擇，雖然只是一個床位、衛浴共用，如果一整天都在外遊蕩，有個乾淨好睡的地方也就滿足了。

HI NYC Hostel

地鐵站、中央公園北端就在隔壁，加上管理良好、服務友善，還有配備齊全的廚房，讓這家青年旅館一床難求，喜歡交朋友的可以與來自世界各地的旅人聯誼，也可參加旅館主辦的活動如中央公園導覽及Pub之夜等。

- ✉ 891 Amsterdam Ave
  (W 103th St路口)
- 📞 (212)932-2300
- 💲 66元／人(8人房)
- ➡ 搭地鐵1至103th St
- 🌐 www.hinewyork.org
- MAP P.270／B4

Jazz on Columbus Circle

位於地鐵四通八達的中城哥倫布圓環，中央公園、中城景點都在步行範圍內，加上清潔、寄物空間多還附簡單早餐，這是另一個熱門的Hostel。

- ✉ 940 8th Ave
  (W 56th St路口)
- 📞 (646)876-9282
- 💲 68元／人(5人房)
- ➡ 搭地鐵1、A、C、B、D至59th St-Columbus Circle
- 🌐 www.jazzhostels.com/jazz locations/jazz-on-colum bus-circle
- MAP P.274／D3

來來居

如果不習慣睡上下鋪且不介意多花半小時進曼哈頓的話，可以考慮法拉盛華人經營的民宿。法拉盛是紐約第二大中國城，生活機能方便，成為許多新移民落腳的地方，華人民宿這些年雨後春筍冒出，其中由台灣人經營的來來居是老字號，地鐵步行9分鐘，每間房都有獨立衛浴，單人房一晚60元且不另加稅的價錢，在紐約真的是佛心來著。

- ✉ 132-24 Maple Ave,
- 💲 Flushing, Queens
- 📞 (718) 463-4474
- 💲 60元
- ➡ 搭地鐵7至Flushing-Main St
- 🌐 lailaihostel.yolasite.com

Airbnb

一開始是鼓勵屋主將家中的空房作為短租的平台，一方面可以增加收入，另一方面在一房難求的大都市也讓旅人有更多的選擇。比起飯店，民宿的最大好處就是可以融入當地人的生活，在空間上即便是只住雅房，通常也可以使用屋內的廚房、客廳，相對來說空間較大；但是畢竟是住進陌生人家，對許多人來說還是有安全顧慮。Airbnb的網站上有很詳盡的評比制度，房客、房東都可以互相評比，雖然還是有聽聞過房客被丟包或是房子被破壞的情況，但是以我個人在美國其他城市旅行入住Airbnb房源的經驗，是非常愉悅的。

值得注意的是，Airbnb上的房東有不同的退訂政策，訂房時務必詳讀；另外訂房時看不到地址，只有顯示區域，確認訂房後才會收到地址，但從房源的地圖上可看到周邊環境、最近的地鐵站等。價格也會因地段、淡旺季而異，有些房東會多收一次性20～25元的清潔費，Airbnb還會收總價格15%的手續費。

🌐 www.airbnb.com.tw

轉租公寓
SUBLET

打算待上1個月以上，不妨考慮轉租公寓（Sublet），如果正逢寒暑假，還可以住到此地留學生的房間（寒假12～1月、暑假5～8月）。

住得輕鬆，遊得盡興

轉租公寓的好處，是以最實惠的價格、住到最大的空間及使用完善的設施。因為一般轉租公寓裡的電器、廚房都配備齊全，留學生寒暑假回家，房間空著還是得繳房租，所以他們也樂於轉租出去，價錢也不會超出房租太多，有時就算住不到1個月，也可以以週甚至單天計算，怎麼算都比住旅館划算。

轉租公寓網站

類似布告欄的網站，點選sublet/temporary，即可看到房源，雖然房源眾多但也參差不齊，切記實際看屋前不要先付訂金以免被騙。

http newyork.craigslist.org

背包客論壇

雖然主要以自助旅行經驗交流為主，這裡也可以找到不少紐約民宿或長短租的轉租公寓。

http www.backpackers.com.tw/forum

宿舍型旅館

除了知名的YMCA、YWCA外，紐約還有不少由教會經營的宿舍型旅館，有些可論天計、有些至少得住1週到3個月，有些只收女生、有些得事先申請，多數所在區域交通方便且價格實惠。在杭特學院的網站上有不少此類訊息。

http www.hunter.cuny.edu/studentservices/is/reslife

大紐約地區台灣同學聯合會(FTSANY)／在紐約的台灣人

如果還是跟台灣人打交道舒服，不妨上來這裡看看，隨時都會有租屋的訊息，寒暑假前轉租的訊息尤為熱烈，或是直接貼文列出來旅遊紐約的時間、天數等，讓屋主直接與你聯絡。「FTSANY」是封閉社團，需申請加入，「在台灣的紐約人」是公開社團。

http FTSANY：www.facebook.com/groups/FTSNAY

http 在紐約的台灣人：www.facebook.com/groups/500935586643896

網路訂房撇步
BOOKING ONLINE

網路是訂飯店最好用的工具，幾乎每個旅遊網站都標榜價格最便宜，還可免費取消，但是現在很多飯店本身都提供網路訂房的服務，而且他們的價格未必比旅遊網站貴，有時還有網路特價，可以多方比較。

旅遊訂房網站

省錢的最好方法就是先到旅遊訂房網站搜尋，找到合乎預算的飯店，再回飯店網站上比價、訂房。值得注意的是，有些網路特惠價只能從網路訂，而且數量有限，所以碰到旺季(暑假、4月的春假、冬天除了新年前後其餘是淡季)還是提早訂房吧！同時詳讀退房條款，以備萬一取消行程之需。

http www.hotels.com
http www.expedia.com
http www.booking.com
http www.travelocity.com
http www.agoda.com
http www.orbiz.com

旅遊資訊網站
TripAdvisor

雖然無法直接從該網站訂房，但這是行前做功課的最佳參考網站，除了紐約最新的相關報導網站連結外，在飯店資訊方面，來自世界各地的遊客會針對他們的住房經驗，在此發表心得及打星做評鑑。此外，輸入預定入住日期後，飯店的頁面會直接秀出各訂房網站的價錢，省時、省力又省錢，猛力推薦！

http www.tripadvisor.com

另類訂房網站
Hotwire

用Hotwire有點像賭博，因為該網站只會秀出店的「星級」、「所在位置」、「價錢」、「設施」等，但不會秀出飯店名，答案一直要到填入信用卡號確定購買後才會揭曉，很刺激吧！Hotwire標榜他們合作的飯店都是知名連鎖，可以以二星級的價格訂到四星級的飯店，不過一旦訂房後便無法退換。

http www.hotwire.com

Priceline

操作方式也適合賭性堅強的人，「Name Your Own Price」會要求使用者決定飯店的等級及地點後，先出價、並輸入信用卡號，他們再替你搜尋最好的交易下訂，如果事後發現同樣的日期、入住天數有更好的價錢，Priceline可以全額退還差價。

http www.priceline.com

Info

NY A-Z
Information
New York

資｜訊｜紐｜約

生活在紐約，有一種被資訊追著跑的感覺，總有看不完的展覽、看不完的秀、聽不完的演唱會、吃不完的餐廳等等，而原本提供這些資訊的紙本媒體，早期靠著廣告及發行量一片欣欣向榮，而近年來則因人手一機，光是滑應用程式APP、社群媒體、玩遊戲就已經忙得不得了，連60年老字號的《村聲》(Village Voice)都不敵這股趨勢只剩下網路版，地鐵上也很少看到有人讀報紙了，時代變了，不變的是紐約還是處於資訊爆炸狀態，只是換個接收方式罷了。

報紙
newspaper

紐約時報 (New York Times)

紐約自由派知識份子的喉舌，沒有八卦、也沒有聳動的標題，以往紐約客搭配早午餐（Brunch）的是《紐約時報》週日版，藝術、時尚、旅遊、城市生活等一落落疊起來跟磚塊一樣；如今隨著媒體生態丕變，磚塊縮水成木板，不然滑平板也能閱讀完整內容，依然是迅速成為紐約客的捷徑，前提是你不怕讀密密麻麻的英文。紐約時報週間版2.5元、週日版5元。

紐約郵報 (New York Post)
紐約每日新聞 (New York Daily)

《紐約郵報》是與《紐約時報》作風相反的小報，極盡聳動之能事，適合重度口味及看得懂俗語的人閱讀，一份1元，頗受普羅大眾歡迎。至於《紐約每日新聞》則著重於紐約地方新聞、體育賽事分析，關注藍領階級，只是在報業不景氣的氛圍下，2018年不僅裁撤了一半的員工，也從1元漲到1.5元。

am New York / Metro

週一到週五出刊的免費日報，在各大地鐵站的報箱都拿得到，以紐約本地新聞及娛樂資訊為主，舉凡餐廳、電影、演唱會、音樂專輯、新書、展覽推薦等一應俱全，非常適合坐地鐵時閱讀。

雜誌
magazine

Time Out New York

紐約最in的吃喝玩樂情報誌，隔週三出刊，原本是零售的週刊，現在也能從報箱免費取得，雖然頁數輕薄不少，還是網羅了每週好吃、好玩、好看的資訊，專題部分也依然精采，如「紐約外州人的家鄉味哪裡尋？」「紐約客的祕密基地」等等。

紐約客 (The New Yorker)

與《紐約時報》具有同樣的分量，以深入報導、人文關懷的文章為主，其高度諷刺的漫畫也是招牌之一。《紐約客》雖然不是情報誌，但每期也會列出劇場、電影、餐廳等資訊，配上紐約客雜誌獨有的觀點。

紐約雜誌 (New York)

比《Time Out New York》歷史還悠久的雙週刊情報誌，專題文章較具深度，經非正式觀察，讀者年齡層介於20幾歲的《TONY》及中流砥柱《紐約客》之間。

In New York /
Where In New York

兩本都是免費贈閱，在中央車站的旅遊資訊窗口、紐約觀光局及大飯店的旅遊資訊櫃檯都可以拿得到，小開本的《Where In New York》條列式資訊清楚，《In New York》則偏重文章式的內容，兩本走的都是以曼哈頓景點為主的主流路線。

評鑑指南
guide

米其林指南 (Micheline Guide)

　　源自於法國米其林輪胎，世界上歷史最悠久的餐廳指南，爲了摘星或是保星，各餐廳、主廚莫不戰戰兢兢，每年年底公布明年上榜名單爲業界盛事，通常星星多寡也與價位成正比。以2019年的名單來說，有5家三星的餐廳，一頓晚餐沒有幾百塊美金是出不來的，當然評比的不只是餐點，服務、氣氛，而是將整體感都納入評分，「祕密食客」將會不定期出沒，因此也無法特別招待。

電視
television

New York 1

　　號稱「唯一值得看的本地新聞」（The Only Local News Worth Watching），固定在第一台，是個24小時的新聞台，對於還是習慣打開電視看新聞、看氣象的人依然方便。

網路
internet

NYDeTour

　　NYDeTour的版主Deco旅居紐約20餘年，正職是在大學做研究、教書，兼職是NYDeTour的版主（還曾經在紐約開過珍奶餐車），在《自由時報》每週有「紐約地途」專欄，對紐約的人文、歷史、建築、吃喝玩樂如數家珍，熱情不減。NYDeTour每週都會刊出「週末何處去」單元，推薦週末值得一探究竟的活動，品味十分文青。

http www.facebook.com/NYDeTour.NYDECO

Zagat

　　原本幾乎人手一冊的「全民公投」餐飲指南Zagat，目前只有網路版，根據餐飲類別、區域來分類，也保有了讀者的評價，另外還是有編輯推薦的主題，如「最佳約會餐廳」、「最佳不需訂位的餐廳」、「最佳親子餐廳」等。

http www.zagat.com/new-york-city

Eaters NY

　　紐約餐飲新聞及餐廳評鑑的網站，作者群幾乎試吃遍紐約，介紹如「最佳喬治亞餐廳」、「紐約唐人街餐飲指南」等。

http www.ny.eater.com

Yelp

　　就像亞馬遜是以強大的消費者評比讓好商品出頭、壞商品落馬，Yelp也是靠群眾力量評比商家，原本以餐廳爲主，後來發

展到只要是商家(包含零售店、電影院、健身房甚至診所)都可以被評比,也讓網友上傳照片,很多商家還會一一回覆消費者評鑑,也算是網路行銷、客服的一部分。Yelp也有APP版,私認為APP版界面更流暢、容易讀。

http www.yelp.com

Google

網路時代凡事問谷哥大神,Google除了穩坐搜尋引擎一哥寶座,在商家評比類似Yelp集鄉民意見打星星,如果結合Google Map使用更是如虎添翼。我自己到外地旅行前,規畫行程時會從電腦版地圖先看打算下榻飯店的評比,周邊有哪些商家、景點,評價如何作為選擇參考,到達後出外就靠手機APP來導航,幾次旅行經驗都滿愉快的。

http www.google.com

實用APP
application

現在已無法想像出門沒有手機的生活,從搭車路線到哪裡可以上廁所都是靠手機APP搞定。

Citymapper　交通類

這是我出門必備的APP,出門前輸入目的地(可以是地址也可以是店名),選擇欲出發或到達的時間,Citymapper會提供搭大眾運輸、共享交通工具(Uber/Lyft)、騎單車甚至走路所需的時間及路線。如果選擇搭地鐵,還會顯示該坐前段、中段還是後段車廂才會離出口或是換車月台樓梯最近;另外也可以搜尋所在地附近的地鐵、公車路線,以及到站的時間,這點大大彌補了紐約地鐵站不是每站都有到站時間顯示燈的缺點。

Uber / Lyft　交通類

Uber大家應該不陌生,Lyft知名度不如Uber,但是功能大同小異,很多時候Lyft會比Uber便宜些,也常有10%的折扣,很多司機兩家公司都開,出了曼哈頓沒有計程車,地鐵又不方便時,可利用Uber或Lyft。

Fever　活動類

推薦各類娛樂活動的APP,註冊時可以從「餐飲」、「音樂」、「藝術」、「劇場」、「健康」等類別選擇3個以上偏好,APP會根據偏好推薦活動,有免費的也有收費的,如果是收費的可以直接用Apple Pay或是信用卡付費,付費後會收到條碼,到時出示手機即可。

Open Table　餐廳類

熱門的餐廳、熱門的時段,避免久等的方法就是先訂位,上Open Table滑一滑即可訂位,還可以選擇收簡訊提醒訂位時間。

Flush　救急類

紐約地鐵除了時報廣場、中央車站這種超大站有公共洗手間外,其他的就算有也沒開放,非常不方便,這時Flush(沖馬桶)可是救急APP,GPS定位所在位置即會出現附近可用的廁所,還會標示是否需要鑰匙,也有評比呢!

Jazz 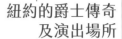 New York

爵│士│紐│約

紐約不是爵士樂的發源地，卻是讓爵士樂發揚光大的地方，沒有一個知名的爵士樂手沒有在紐約待過，用生命吟唱的比莉哈樂黛（Billie Holiday）、奠定爵士樂先鋒地位的茱鳥帕克（Charlie Parker）、多次改寫爵士樂史的邁爾戴維斯（Mile Davis）、用靈魂創造薩克斯風前所未有演奏技巧的約翰科川（John Coltrane）等，都曾經在紐約的舞台發光、發熱。

紐奧良才是爵士的發源地，由奴隸在苦難勞動時自娛娛人的吟唱演變而來，20世紀初成為紅燈戶裡的情境音樂，多由樂師現場演奏，這也是Jazz一詞的來源，因為當時的妓女都擦茉莉花香味（Jasmine）的香水。

當時的爵士樂以可以跳舞為主，演出的樂團也都是10～12人的大樂團（Big Band），並不算是一種可以坐下來欣賞的音樂，所以1920年代，在哈林文藝復興時期下所開張的「棉花俱樂部」（Cotton Club），以及其他大小俱樂部都是歌舞昇平的景象；這樣的情況一直到1940年代「Be-Bop」音樂出現才改觀，這種音樂編制只有4～6人，演出方式除了創作的曲目，也加入了即興的演奏，由於形式不規則沒法跳舞，爵士終於擺脫了「舞曲」形象，成為可以單獨聆聽的音樂。這些爵士樂上的重要轉折都發生在紐約，而見證這些轉折的，就是依然賣力演出的各爵士俱樂部。

從2005年創辦至今，被《浮華世界》（Vanity Fair）評為「冬季爵士節正說明了紐約為何實至名歸為世界爵士之都」（Winter Jazzfest illustrates just why the City is aptly known as the Jazz capital of the world.），從一開始一天一個舞台的規模，到現在週五～日三晚在5個場地馬拉松接力上場演出，另外還有講座探討關於爵士樂界的性別（特別吧！）、演唱技巧等，相關訊息可見winterjazzfest.com。就算非爵士迷沒有專程聽爵士的欲望，也可能在街頭某個轉角或地鐵站與爵士樂不期而遇。

以下是綜合此地爵士樂手、樂迷的意見所精選出的「6大及5小」。

6大天王

Blue Note 1

創於1981年、名氣如雷貫耳的藍調爵士（Blue Note），雖然不是歷史最悠久，但其他幾項絕對是拔得頭籌：除了擁有自己的唱片品牌、爵士樂史上多張經典現場錄音的專輯多在此完成外（或許你的掌聲也有機會成為錄音專輯的一部分），入場費（Cover Charge）也是最高的，吧檯15～30元、桌子20～45元，最低消費（Minimum）還另計，所以如果加上餐點費用的話，一個晚上下來花個上百美金不是不可能，但是慕名而來的遊客依然絡繹不絕。

相較之下，以新銳樂手演出為主的早午餐（Brunch）價位較為平易近人，時段為週日11:30、29.5元包含入場費、一份主菜及一杯飲料。

Village Vanguard 2

相較於Blue Note創於1935年的Village Vanguard就顯得低調多了，少了只是看熱鬧的外行人，並堅持滿足看門道的樂迷，樂手不是頂尖的老將，就是嶄露頭角的明日之星，還被紐約《大蘋果爵士之旅》（Big Apple Jazz Tour）的導覽人譽為「每個爵士樂迷一生一定要來朝拜一次的聖地，沒有例外」。每週一的常駐樂團「Vanguard Jazz Orchestra」固定演出，大樂團的傳統，數十年如一日。

Jazz Standard 3

後起之秀Jazz Standard雖然跟老大哥級的俱樂部比起來算是後輩，但因爲場地夠大、每個位置都可以清楚看到、聽到演奏，樂手也都在水準之上，因此也很受歡迎。另一點利基就是Jazz Standard的餐點來自樓上碳烤餐廳「Blue Smoke」，吮指之間味覺與聽覺同時獲得滿足。

曾經在Jazz Standard看過兩家人的聚會，大人聽音樂、小朋友也因整盤的薯條而心滿意足，整場演奏都十分安靜，爵士的隨性或許就在他們幼小的心靈裡播種，很羨慕他們這麼小就有機會接觸到一流的音樂，紐約能成爲爵士之都，還眞不是沒有原因的。

Birdland 4

店名中的Bird來自菜鳥帕克（Charlie Parker）的暱稱「Bird」，Birdland自詡爲「世界的爵士角落」（Jazz corner of the world），隨著爵士樂的興衰更迭，Birdland也曾經歇業、搬遷，最終落腳於目前時報廣場的地點，內部裝潢維持著爵士黃金年代的冷調風，規模介於極大與極小之間，每週五Birdland大樂團固定演出。

5 Idrium

位於上西城的Iridium，裝潢前衛、音響效果好，知名吉他手Les Paul的三重奏在此固定演出14年，隨著Les Paul的過世，Iridium除了將硬體再升級，演出內容也不僅限於爵士，更含括了世界音樂、民謠、獨立搖滾等。

jaz jazz 4 小天后

6 Jazz at Lincoln Center

隸屬於林肯中心的爵士中心，由知名小號手Wein Marsala領軍的15人編制大樂團以傳承爵士樂為志業，而中心則以發揚爵士搖擺的自由、即興表演的自我展現為宗旨。位於時代華納中心樓上的Dizzy'Club俯瞰中央公園，是爵士演奏主要場地，每天晚上都有演出也有全菜單餐點。另外23:15的晚場次除週一晚上沒有外，其他天都有，以新銳樂手為主，價錢也只要主場的四分之一。

Smoke Jazz & Supper Club 1　Fat Cat 2　55 Bar 3　Bar Next Door 4

如果傳統爵士樂你才聽得慣，Smoke、Fat Cat都是以傳統爵士為主，前者每週一21:00都有「Jam Session」（爵士音樂即興演奏會），讓專業、業餘樂手、歌手來此切磋琢磨。很多業餘手白天都是上班族，這裡是讓他們上台過過表演癮的絕佳機會。

如果你是夜貓子，Fat Cat的現場音樂從19:00一直演奏到03:00，這是紐約最晚收場的爵士演奏。55 Bar、Bar Next Door都是每天晚上有演出的爵士小吧，演出的音樂類型從主打歌手到二重奏、三重奏都有。由於場地小、酒精High，加上樂手近在咫尺賣力演出，即便外頭冰天雪地，現場氣氛很容易就熱絡到酒酣耳熱。

爵士俱樂部推薦

Blue Note
✉ 131 W 3rd St (6th Ave與
　MacDougal St間)
☎ (212)475-8592
MAP P.279／F4

Village Vanguard
✉ 178 7th Ave (11th St與Max
　Gordon Corner間)
☎ (212)255-4037
MAP P.278／D2

Jazz Standard
✉ 116 E 27th St (Park Ave與
　Lexington Ave間)
☎ (212)576-2232
MAP P.277／G3

Birdland
✉ 315 W 44th St
　(8th Ave與9th Ave間)
☎ (212)581-3080
MAP P.274／C5

Iridium
✉ 1650 Broadway
　(51st St路口)
☎ (212)582-2121
MAP P.274／D4

Jazz at Lincoln Center
✉ 10 Columbus Circle
　(60th St路口)
☎ (212)258-9800
MAP P.274／C2

Smoke Jazz & Supper Club
✉ 2751 Broadway
　(106th St路口)
☎ (212)258-9800
MAP P.270／A3

Fat Cat
✉ 75 Christopher St
　(7th Ave路口)
☎ (212)675-7369
MAP P.278／D3

55 Bar
✉ 55 Christopher St (7th Ave
　與Waverly Place間)
☎ (212)929-9883
MAP P.278／D3

Bar Next Door
✉ 129 MacDougal St
　(W 3rd St與W 4th St間)
☎ (212)529-5945
MAP P.279／F4

爵士俱樂部收費標準

　　紐約爵士俱樂部的收費通常分為2種：入場費(Cover Charge)及最低消費(Minimum Charge)。以「6大」而言，入場費從20元起跳，週末通常會再加5元；至於最低消費則是點1～2杯的飲料。「6大」之外，頂多只收最低消費，而沒有入場費。

　　此外，「6大」每天晚上會有2場演出，通常是19:30、21:30各1場(有些是20:00、22:00)，稱為First Set、Second Set，有時週末甚至有「午夜場」(Third Set)。如果聽了第一場意猶未盡，想聽第二場，需不需要再付一次入場費呢？這完全視俱樂部當天的情況而定。如果是週末或是高朋滿座時就很難避免，如果第二場來客數不盡理想，免費聽第二場的機率就相對提高，只是有時還是得點飲料。

NY A-Z
Landmark
New York
地│標│紐│約

既然被稱為紐約「地標」，就代表不管走到紐約哪裡，抬頭一望就可以看到，以「仰之彌高、瞻之彌堅」的態度遙望、勝過到此一遊的征服，就像移民者當年看到自由女神，就知道紐約到了而欣喜若狂，在我的視線中，只要出現了任何一個地標，就證明了我身在紐約。

伍爾沃斯大樓 Woolworth Building

仿哥德式教堂的摩天大樓

每回搭地鐵進城，過橋時映入眼簾的是曼哈頓下城天際線，在一片玻璃帷幕裡這棟綠頭大樓格外吸睛，優雅的尖塔造型是仿哥德式教堂，1913年落成，直到1930年都是紐約最高的建築，原本是伍爾沃斯公司（主要業務類似現在的9毛9商店）的總部，幾經更迭，現在為住辦混合大樓，雖然無法入內參觀，還是可以逛逛如教堂拱頂金碧輝煌的大廳。

 搭地鐵R至City Hall

MAP P.284／D1

自由女神 Statue Liberty

「紐約到了！」外國人的紐約指標

　　自由女神其實不屬於紐約，而屬於美國，因為她是1886年法國送給美國的禮物，但紐約人早就把她當成守護神、庇佑世世代代。2001年「911」事件之後她被迫關閉，讓多少遊客敗興而歸，終於約在2004年投入了1,600萬的整修經費，確保恐怖份子沒有任何機會後才開放。打算登上皇冠處的遊客必須在網路上另外購票，只能購買當天票且必須登記名字出示ID，攀爬162狹窄階梯無電梯「登頂」。

○ 隨季節不同，請參考官網

→ 搭乘地鐵1至South Ferry；4、5至Bowling Green；R、W至WhitehallStreet Station，出站後至Castle Clinton National Monument搭乘渡輪

http www.nps.gov/stli

http 渡輪及登皇冠購票：www.statuecruises.com（選擇「statue of liberty&ellis island tickets」）

i 不要向登船口附近兜售票券的人買票，價格昂貴且無法登船

MAP P.284／A6

帝國大廈
Empire State Building

經典電影常見，曾為世界最高

　　儘管已失去世界最高大樓的光環，帝國大廈的光環卻從來沒有黯淡過。紅、白、藍是代表7月4日美國獨立紀念日的自由、平等、博愛，大紅是中國新年的標準色、大紫是同志大遊行的驕傲、大綠是聖派屈克節的愛爾蘭原色。帝國大廈才剛砸下1億6千5百萬美金升級內裝，增加博物館展示建築輝煌的歷史，也因為現代遊客都愛自拍，但是邊排隊進展望台邊自拍耽誤了動線前進，帝國大廈乾脆設置了15個自拍點讓大家拍個夠！

🕐 08:00～02:00
➡️ 搭地鐵B、D、F、M、N、Q、R、W至34th St-Herald Sq
http www.esbnyc.com
MAP P.277／E2

克萊斯勒大樓
Chrysler Building

閃閃動人的裝飾藝術

　　美麗的「Art Deco」（裝飾藝術）螺旋塔頂是仿造克萊斯勒汽車散熱板打造的，在1930年由建築師William Van Alen祕密設計，再一次安裝上去，在陽光下永遠閃閃動人。

➡ 搭地鐵4、5、6、7、S至42nd St-Grand Central
MAP P.275／G6

熨斗大樓 Flatiron Building
最古老摩天大樓

　　位於23街與第五大道、建造於1902年，是紐約留存下來的摩天大樓中最古老的一棟，說她是全世界最美的路衝，應該不爲過，身旁走過千百次還是會看到新細節，不誇張。

➡ 搭地鐵 R、W 至23rd St，出站即可看到
MAP P.277／F4

中央車站
Grand Central Terminal

最有活力的古蹟

　　走遍各大城市的車站，能像中央車站這樣從1913年就建造至今的古蹟建築裡，每天進出550班列車、50萬乘客往返紐約上州（Up state）沿線城鎮，同時還賣蘋果電腦、生鮮蔬果雜貨、咖啡豆、牡蠣吧、美食街、流行服飾的火車站，還真的是僅此一家。就算不坐火車、也喜歡來這兒晃晃，穿越大廳挑高星座圖拱頂、瞻仰價值2千萬、200億年才會誤差1秒的時鐘，及繁複的水晶燈，想像自己是優雅的旅人，同時也滿足了口腹、逛街之慾。

🕐 05:30～02:00

➡️ 搭地鐵4、5、6、7、S至42nd St-Grand Central

http www.grandcentralterminal.com

MAP P.275／F6

聖派屈克教堂
St.Patrick's Cathedral

全美最大天主教堂

　　每次經過聖派屈克教堂都不禁納悶為什麼直達天聽的教堂，會和拜金主義的名牌旗艦店同處一街呢？原來1879年教堂啓用時，紐約只發展到42街，而現在就算外面再人聲鼎沸，教堂內仍是一片聖潔與祥和。捐1元點根蠟燭，讓全美最大的天主教堂保佑你旅程平安順利。

🕐 06:30～20:45
➡️ 搭地鐵B、D、F至47-50 St.Rockefeller Center
http saintpatrickscathedral.org
MAP P.275／F4

川普大樓 Trump Tower

誇張品味的建築風格

　　由昔日的紐約房地產大王、今日的美國總統唐納川普（Donald Trump）投資建造的川普大樓，仍維持原有風格，入口大廳粉紅色大理石及金光閃閃的黃銅，加上5層樓高的人工瀑布，唯一不同的是，現在門口多了維安人員及警察，進入大樓都要安檢，樓下除了賣川普品牌的高爾夫球衣、配件外，還多了總統選舉的各式周邊紀念品。從來沒想過有一天這裡會變成總統官邸，所以一定要進來坐坐！

➡️ 搭地鐵E、M至53rd St
MAP P.275／F3

洛克菲勒中心
Rockefeller Center

一棟大樓等於一個城鎮

　　1930年代紐約遭遇過經濟大衰退，億萬富翁JD Rockefeller Jr.回饋給他摯愛城市的禮物，就是興建洛克菲勒中心，創造了無數的工作機會。

　　被譽為「城中之城」的洛克菲勒中心，包含了19棟建築，每天有24萬人進出，比美國許多城鎮的人口還多，傳播巨擘Comcast、通用電器GE總部都在此。我之前來都只有在外面看耶誕樹及溜冰場，後來才發現其實從正中央最高的GE大樓進去後別有洞天，除了正中央氣勢磅礴的壁畫是歌頌美國精神及資本主義的典範外，光是地下樓的全空調商店街就可以逛到出不來了。

Top on the Rock觀景台位於70樓，日夜視野皆美，與帝國大廈遙遙相對。

🕐 Top on the Rock觀景台08:00～00:00(最後一班電梯為23:00)
➡ 搭地鐵B、D、F、M至47-50th St-Rockefeller Center，觀景台入口在50th St (5th Ave與6th Ave間)
http www.rockefellercenter.com
MAP P.275／E4

時代華納大樓
Time Warner Building

世界第一名集中於此

　　與以上歷史性建築比起來，這兩棟位於中城哥倫布圓環（Columbus Circle）的地標，實在醜的可以。黑不溜丟的玻璃帷幕沒啥美感可言，不過它可是紐約第一個住、商、辦合一的複合式大樓，頂層是200個單位的百萬套房及千萬公寓、高層是東方文華酒店（Mandarin Hotel）、中層是辦公商用樓層，4、5樓集合了數家星星主廚級的餐廳，1、2樓是商場及林肯中心爵士演奏廳，地下室是曼哈頓最大超市。

　　複合式大樓的概念並不算新，購物商場（Shopping Mall）也是道地美國的產物，但移植到紐約後，檔次硬是被提升到最頂級：鳥瞰中央公園景觀的套房、夜景氣勢逼人的文華酒店酒吧、全世界第一個爲爵士樂打造的演奏廳、只賣有機食品的超市、餐廳主廚個個大有來頭。其中米其林三星日本料理Masa的595元套餐直衝曼哈頓榜首、法國料理Per Se開幕時訂位電話滿線10個小時，「9道菜Tasting Menu」索價355元。有趣的是這些最頂級的東西未必出產自紐約，如有機超市Whole Foods來自德州、東方文華酒店來自香港、Per Se主廚Thomas Keller的第一個美食殿堂開在加州，Per Se不過是翻版，但這些分散各處的第一名齊聚一堂，就像把每班第一名的同學編到一班叫做「紐約」的資優班一樣，你說，紐約客能不驕傲嗎？

➡ 搭地鐵A、C、B、D、1至59th St-Columbus Circle

🌐 www.theshopsatcolumbuscircle.com/about

🗺 P.274／C2

911 紀念碑與世貿中心一號（自由塔）
911 Memorial & One World Trade Center (Freedom Tower)

越挫越勇的自由象徵

　　記得「911」事件過後的1個月，我來到世貿遺址，空氣中除了瀰漫著令人呼吸困難的煙塵味外，更揮之不去的是濃稠的哀傷與悲憤；而在13年後，原本的瓦礫堆裡又樹立起了全美第一高大樓，1,776英呎（541公尺）的樓高，是美國獨立宣言簽署的年代——1776年，地下5層，地上94層全辦公大樓，在設計上特別加強了安全措施，如以6公尺厚的空心混凝土包覆電梯、管線，還為救難人員特別保留了專屬通道。觀景台位於100～102樓，一望無際的是曼哈頓下城及紐澤西州，One Dine餐廳及酒吧僅限觀景台持票者進入。

　　而地面上的911紀念碑則是在潺潺的水聲中，憑弔環繞著兩座瀑布，銅質面板上鐫刻著於911恐攻受難的2,977名民眾，以及6名在1993年世貿爆炸中的死者名字；每天清晨由工作人員悉心擦拭面板，在他們生日那天，還會在名字旁擺上花。紀念碑旁的有一棵特別圍起來的梨樹（Caller），又被稱作「生存者樹」（Survivor Tree），因為當年工作人員從斷垣殘壁裡挖起了這棵斷裂、燒焦的樹，在公園處的悉心照料下回春後種回，象徵著越挫越勇的韌性。建議避開遊人如織的時段來此，清晨時分能感受到那種肅穆中透露著微光希望的氛圍。

- 🕐 隨季節不同，請參考官網
- ➡ 搭地鐵 **R** 至Cortland St、**E** 至World Trade Center
- http 世貿觀景台 oneworldobservatory.com
- MAP P.284／B2

The Oculus 車站

The Oculus Staion

全球最昂貴車站

911恐攻炸毀了世貿大樓，也連帶摧毀了原本世貿底層連結紐澤西與紐約的交通樞紐，在新車站建好前，每回去那兒都因為施工範圍變動而有不同的動線，終於歷時了8年，預算一再追加到天價40億後，西班牙建築師Spaniard Santiago Calatrava以「小孩放手白鴿」的意象為靈感，所打造的「眼睛」車站（「Oculus」為拉丁文的「眼睛」之意）終於完工。

除了11條地鐵以及紐澤西通勤電車PATH在此匯總外，同時也有50家名店進駐，加上通道直達對街的另一個美食街、商場Brookfield Place，就算不搭車，也可以逛街、看建築、仰望無梁柱拱頂的雪白「肋骨」造型，享受從頭頂「一線天」灑下的陽光。

➡ 地鐵 R 至Cortland St，4、5、2、3、J、Z、A、C 至Fulton St，E 至World Trade Center

🗺 P.284／C2

布魯克林橋
Brooklyn Bridge

優雅造型、人氣最旺的長橋

　　於1883年完成，全長486公尺，當時是世界上最長的鋼絲吊橋，雖然20年後被隔壁的威廉斯堡橋以些微差距領先，但是布魯克林橋的優雅造型，仍是紐約幾座連外橋梁中人氣最旺的。踩在橋上木頭人行道上、仰望它巍峨的石造橋墩及曼哈頓的天際線，人，真的很渺小。

➡ 搭地鐵 6 至 Brooklyn Bridge
MAP P.285／G2

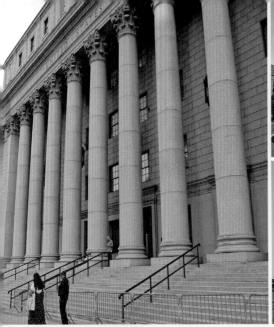

佛利廣場
Foley Square

被法院、市府、聯邦大樓包圍

這幾棟建築雖然沒有高聳入雲、金碧輝煌，卻是公理、正義、民政所在，因為紐約州高等法院（New York State Supreme Court Building）、紐約聯邦法院（Thurgood Marshall United States Courthouse）都位於此，其新古典式建築的雄偉，以希臘柯林斯風格（Corinthian Order）的廊柱及寬闊、俯拾而上的階梯令人對司法的權威心生敬畏，也無怪乎以警察與法官辦案為主題的紐約長青影集──《法律與秩序》（Law& Order）經常於此取景。南端有曼哈頓市政大樓（Manhattan Municiple Buiding），頂端的金色「市政名聲」（Civic Fame）雕像天氣好時頗耀眼，而建築本身由於集羅馬帝國、義大利文藝復興、布雜藝術（Beaux-Arts）風格於一身，雄偉、大器又不失細節，成為美國其他城市甚至莫斯科市政大樓參考的典範。市政大樓2樓是結婚登記處，時有新人出入。

而廣場另一端黑壓壓的大樓則是聯邦政府大樓（Jacob K. Javits Federal Building），樓高41層，是全美最高的聯邦建築，因為美國國土安全局（Department of Homeland Security）、移民局（U.S. Citizenship and Immigration Services,USCIS）的辦公室都在此，門口常見排隊等候入場洽公的移民。

廣場中間的噴水池黑色大理石雕塑名為「人類精神之勝利」（Triumph of the Human Spirit），是藝術家Lorenzo Pace的作品，取材自西非少數族裔的藝術風格，因為廣場鄰近在打地基時挖掘到的「非裔埋葬場」（African Burial Ground）。

由於周圍有公園長椅、石桌，又離中國城不遠，打包午餐來享用，順便看看紐約形形色色的公務員。

✉ 位於Lafayette Street Worth St, Centre St間
➡ 搭地鐵4、5、6至Brooklyn Bridge City Hall
🗺 P.283／E6

Market New York

市｜集｜紐｜約

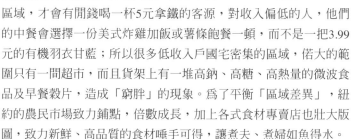

收入水平影響飲食觀念

　　明明都是紐約客，對於飲食的觀念以及新鮮食材的取得管道，其實有極大落差，就像星巴客展店會選擇收入在一定水準的區域，才會有閒錢喝一杯5元拿鐵的客源，對收入偏低的人，他們的中餐會選擇一份美式炸雞加飯或薯條飽餐一頓，而不是一把3.99元的有機羽衣甘藍；所以很多低收入戶國宅密集的區域，偌大的範圍只有一間超市，而且貨架上有一堆高鈉、高糖、高熱量的微波食品及早餐穀片，造成「窮胖」的現象。為了平衡「區域差異」，紐約的農民市場致力鋪點，倍數成長，加上各式食材專賣店也壯大版圖，致力新鮮、高品質的食材唾手可得，讓煮夫、煮婦如魚得水。

農民市場
Greenmarket

✉ E 17th St與Broadway路口
🕐 週一、三、五、六08:00～18:00
➡ 搭地鐵N、R、Q、L、4、5、6至14th St-Union Sq
🅼🅰🅿 P.277/F6

　　春天的鬱金香、夏天的迷迭香、秋天的麥金塔蘋果、冬天的耶誕樹，在車水馬龍間，紐約永遠有些角落貼近自然的馨香。

　　農民市場隸屬於GrowNYC，在全紐約有50餘個據點、分布在五大行政區，其中又以位於聯合廣場（Union Square）的農民市場最具規模、名氣也最大。1976年起，農民市場就以供給紐約客本地最新鮮的農產品為目的，所有的農產品、乳製品等都來自紐約上州或是鄰近紐澤西、賓州的農家，自產自銷，不假中間商之手。

聯合廣場的農民市場因地利之便，周圍的重量級餐廳如Union Square Café、Gramercy Tavern都直接從此進貨，每個攤位除了以新鮮為賣點外，無不使出渾身解數，吸引買家的目光。如一個賣新鮮貓草（Catnip，一種讓貓吃了會精力充沛、活蹦亂跳的植物）的攤位前，就貼滿了眾家貓咪大嚼其草、神情愉悅的照片，相對於別的攤位琳瑯滿目的商品，這個不算小的攤位就只賣貓草，唯一的選擇是尺寸有分小、中、大三種；另外有一「老」攤是來自Vermont州的「深山楓糖」（Deep Mountain Maple），從1985年駐點至今，楓糖漿從一抹金黃的清爽到深棕色的濃烈，還有自製的楓糖糖果、楓糖砂糖、楓糖奶油等，一整個把楓糖漿極大化。

其他受歡迎的攤位還包括多穀類麵包、全素甜點、新鮮不含防腐劑的果醬、蘋果產季時有熱蘋果汁（Apple Cider，有肉桂等香料但是不含酒精，天冷時喝上一杯尤其舒服），還有各式已經處理好的蔬菜，加上沙拉醬就可以吃了，最棒的是許多攤位都有試吃，逛一圈下來，視覺、味覺、嗅覺都開心。

位於紐約高級住宅區上西城（Upper West Side），曾被美食評鑑指南《Zagat Survey》譽為「極品」的Zabar's，早在1935年Louis & Lillian Zabar就開始了熟食販售的事業，隨後擴充雜貨的部分並逐漸發展到今日的規模。600多種的起司、數十種的湯品、猶太傳統食品裸麥麵包、貝果等，選擇多到連鮭魚都有裹香料烤的、裹芥末的、煙燻的；原來，選擇太多也是一種煩惱。

要不是我的烏克蘭同事帶路，我壓根沒聽過Net Cost這家超市，一走進位於康尼島的店裡，果然有著「戰鬥民族」的霸氣，什麼東西都是以量取勝，烘焙區堆疊如小山的餅乾、糕點、麵包，熟食區各式烹煮法的馬鈴薯、冷凍櫃裡無法目測有多少種的冷凍餃子、一整面從迷你到巨大尺寸的酸黃瓜，還有來自不同產地、各種顏色的魚子醬等，對於愛逛超市更勝百貨公司的我而言，是很新奇的經驗。

離地鐵比較近的是位於Benson-hurst的分店，這裡一個街口就有兩家華人超市加上Net Cost，還有兩家港式麵包店，競爭激烈的結果就是不會踩到地雷。

中東食材專門店 Sahadi's

✉ 187 Atlantic Ave,
Brooklyn (Court St與
Clinton St間)
📞 (718)624-4550
🕐 週一～六09:00～19:00
週日休息
➡ 搭地鐵 R 至Court St

營Sahadi's的Charlie Sahadi回想起1960年代，中東食材還不是那麼主流，有2個中年婦女走進來，看了看那些堅果及水果乾，一臉不屑地說，「這樣的店誰會來買啊？」說完轉身離去，留下一臉錯愕的他。

近年來健康意識高漲，研究報告指出堅果類有預防心血管功能而成為新寵兒，而Charlie小時候，因為同學都吃白麵包，只有自己的三明治是用袋餅（Pita）做的，所以他都自卑地躲起來吃午餐；曾幾何時，全麥成分的袋餅也因為夠健康而大受歡迎，也難怪來Sahadi's採購的顧客，雖然不一定有光鮮亮麗的衣著，卻都神采奕奕。

Sahadi's是一間批發商，這家店等於是他們對零售商的樣品展示店，所以一律是批發價，還真是「便宜」了我們這種散

戶。回程的地鐵上，我忍不住將剛剛買的蜜汁烤腰果拿出來解饞，微微的鹹味讓腰果甜而不膩、香脆的口感像是隱藏了令人上癮的因子，也難怪Sahadi's已經傳到家族的第三代了。

雀爾喜市場 Chelsea Market

✉ 75 9th Ave
(15th St路口)
🕐 週一～六07:00～21:00
週日08:00～20:00
➡ 搭地鐵 A、C、E 至14th
St，L 至8th Ave
🗺 P.276／B6

前身是Nabisco餅乾工廠的雀爾喜市場，光是建築跟裝潢本身就夠酷了，有一種在時光隧道裡買菜的感覺。除了物產豐饒的生鮮超市外，這兒的商家還包括廚房用品、酒莊、甜點以及美食街，墨西哥餐（Los Tacos No.1）跟蔬食壽司（Beyond Sushi）以及中式新鮮麵條都受歡迎。Amy's Bread的麵包廠可以透過玻璃看到製造麵包的過程，黑橄欖麵包、迷迭香麵包、粗小麥粉葡萄乾茴香麵包（Semolina with Golden Raisins and Fennel）以及法國麵包，都是Amy's Bread的招牌。

有機食材專門店
Whole Foods Market

布萊恩公園店
- ✉ 1095 6th Ave
  (42nd St與43rd St間)
- 📞 (917)728-5700
- 🕐 每日07:00～23:00
- ➡ 搭地鐵**B**、**D**、**F**、**7**至42 St-Bryan Park
- 🗺 P.275／E6

布魯克林Gowanus店
- ✉ 214 3rd Ave
  (在3rd St路口)
- 📞 (718)907-3622
- 🕐 每日08:00～23:00
- ➡ 搭地鐵**F**、**R**至4th Ave-9th St

從不打折的好感度第一美超
Trader Joe's

曼哈頓23街店
- ✉ 675 6th Ave
  (21st St與22nd St間)
- 📞 (212)255-2106
- 🕐 每日08:00～22:00
- ➡ 搭地鐵**F**至23rd St
- 🗺 P.277／E5

布魯克林Court St店
- ✉ 130 Court St
  (Atlantice Ave路口)
- 📞 (718)246-8460
- 🕐 每日08:00～22:00
- ➡ 搭地鐵**R**至Court St

這個本部位於德州的有機食材專門店，在紐約的分店數持續上揚，每一家的風格都會因地域、客層作微調。Whole Foods的蔬果，都是經過認證的有機食品，價格雖然偏高，但保證吃得安心，我有個朋友最近瘦了10磅而且容光煥發，這是他改吃有機食品的結果。以往Whole Foods的價格被戲稱為「Whole Foods, whole paycheck」（全食超市吃掉一整張薪水支票），2017年亞馬遜（Amazon）併購Whole Foods後，價格有稍微下調。

如果沒有機會下廚，曾被評選為「紐約第一名」的熟食吧選擇眾多，且標示牌都有清楚的食材說明，秤重計價，所以每種都可以嘗一點。推薦位於布萊恩公園旁的分店，2樓的座位區可以鳥瞰公園，也有其他餐飲選擇。如果來布魯克林，Gowanus的分店有戶外用餐空間視野遼闊，放風、放空好所在。

此外，Whole Foods也代理有機保養品、化妝品、保健品，標榜保養品本身跟包裝都把化學成分降到最低。

對於精打細算又挑嘴的人客如我，Trader Joe's根本就是神店，唯一要挑剔的話是他們家的生鮮跟熟食稍弱，還好這些都有更好的選擇，如農夫市集跟Whole Foods Market。

Trader Joe's之所以神，是他們的自家品牌打趴其他品牌，產品線從橄欖油、醬油、咖啡到豆腐、天貝（一種發酵過的黃豆製品，源自於印尼），乃至衛生紙、乾洗手液等一應俱全。台灣人熟悉的商家自有品牌應該是好市多（Costco）的「Kirkland」，不同點在於Trader Joe's全店幾乎賣的都是自家商品，有些品項會穿插一兩樣別家品牌，也因如此，Trader Joe's貨架上的商品數量比一般超市少，進貨、囤貨的成本都降低，也降低了商品的單價，直接回饋給消費者。

除了價格外，品質不行也過不了關，這一點不得不佩服Trader Joe's的全球採購，他們直接從產地找優質的製造商配合，譬如說醬油，華人超市的「老抽」、「生抽」不知為何就是不對味，日本超市雖然有高檔貨，但一瓶10幾塊的醬油怎麼捨得拿來滷東西，還買過美超的龜甲萬，根本就像化學藥劑的「黑水」，我的醬油尋覓之旅，竟然在Trader Joe's劃下句點，一瓶2.99元的日本製造

醬油，不死鹹也有淡淡的香味，不知道他們是怎麼辦到的。

當然觀光客不會想來這裡搬醬油回去，倒是我的朋友曾經託我帶橄欖抹醬跟紅椒抹醬，他說這些東西台灣不是沒有但是貴到離譜。嗜食零食者，Trader Joe's是你的天堂，一整排好幾層的玉米片、薯片、餅乾、巧克力等，要健康的，果乾、堅果也是強項。想當初，就是橘子口味蔓越莓乾的酸甜滋味讓我愛戀上喬大叔。

我一向不愛微波餐，Trader Joe's是少數的例外，以花椰菜取代米的炒飯、以波蘿蜜（Jackfruit）取代肉的泰式咖哩，都是乍看奇怪但是口味不賴的素餐選擇。

紐約的Trader Joe's的版圖也是逐漸擴張，雖然每一家的商品大同小異，我喜歡曼哈頓23街店與布魯克林**Court St**店的裝潢，前者的壁畫有紐約風，後者的前身是銀行，拱頂的建築、大面窗戶很典雅。既然是愛店，其他家也都考察過，每一家的隊伍都動得很快，加上結帳人員有時聊上幾句（曾經有個女生跟我說「五月天」是她最愛的團體），並整整齊齊地把商品放進袋子方便提拿，可別把這當成理所當然，因為一般連鎖店都是全部丟進塑膠袋。

📧 88 Essex St
(Delancy St路口)
📞 (917)881-7096
🕐 週一～六08:00～
19:00，週日10:00～
18:00
➡️ 搭地鐵 F、J、M、Z至
Delancy St-Essex St
🗺️ P.283/H1

位於下東城的Essex Market見證了紐約市場的百年演進，從1888年的戶外推車菜販聚集地、1945年的室內市場，到2019年，結合了攤販、寬敞用餐及烹飪展示空間的嶄新場地，攸關民生的問題從填跑肚子到生活型態，是100多年生活歷史的縮影。

當然我是沒機會見識早期Essex Market有400多家攤販分散4棟建築的盛況，那時下東城以猶太裔、義大利裔為主，後來因為波多黎各移民湧入，市場的組合也有了調整，我倒是有逛過後來的Essex Market，雖然歷經整修，但空間依然狹隘，因為我已習慣了現代超市裝潢，及商品分門別類的陳設方式，Essex Market的傳統市場模式讓我逛了一圈不知該買啥才好。

再次造訪，Essex Market已經喬遷到對面的嶄新建築，也許是才剛開幕不久，有些攤販還沒有開張，但是這裡有寬敞、舒適、明亮的市場空間，以及大到空曠的用餐區，Essex Market加入紐約新一波市場的經營模式，結合了購物、用餐、社交一次完成的休閒娛樂。

照著地址走到了市場，一開始還有點猶豫是不是走錯，因為門口是一家小花店，花藝師專注地組合漂亮花材，推開玻璃門看到了市場歷史牆面，才確定無誤。接下來令我驚訝的是第一眼看到的商家是賣「純素起司」（Vegan Cheese）的Riverdel，各式各樣以堅果為主要原料的起司漂亮地展示在玻璃櫥窗後，這是新加入Essex Market的商家。

醃黃瓜、燻鮭魚、香料、橄欖、橄欖油、生鮮蔬果，是Essex Market原本的常駐軍，而幾家雜貨鋪的層架上可以看到紅、黃包裝的Cafe Bustelo咖啡，這款細粉末的強力咖啡是很多波多黎各餐廳Espresso的專用款，老實說我覺得比很多高貴的豆子都好喝。

日本食材專門店 Japan Village

紐約的日本超市有好幾家連鎖，因為都在寸土寸金的曼哈頓，規模都不大，採買可以，好逛就不行，所以以前還會很勤奮地坐巴士到隔壁州紐澤西，有SOGO百貨超市及美食街規模的Mitsuwa吃飯兼採買。現在，咱們布魯克林開了「日本村」（Japan Village），裡面有Sunrise超市，三不五時去那兒補貨，成為我下班後的樂趣之一。

開在由商業港口倉儲空間改造的「工業城」（Indutry City），工業風的寬闊空間加上較少的購物人潮，我每次來都可以慢慢晃、讀食物的標籤、發現新產品，有時還會有日本某縣市的農產品特賣，之前有看過來自「出雲市」的特產，其實從來沒聽過這地方但是覺得名字很美，就買了麥茶跟薑糖果凍，名字好聽的地方農產也好品質。

日本村除了超市外，旁邊也有拉麵店、飯團店等。此外，工業城本身就是個很有趣的地方，有巧克力工廠也有藝術家工作室，絕對值得到此一遊。

人在曼哈頓的話，靠近中央車站的片桐超市（Katagiri）及位於中城的Dainobu是另外的選擇，前者有現做的飯團及拉麵，後者有便當及各式熟食，冷凍食品週末半價。

韓國食材專門店 H Mart

曾經逛過H Mart位於長島的店，相較之下，曼哈頓K Town的這家只能用迷你來形容，還好整家店動線算流暢，品項也算齊全，各式韓式小菜、泡菜、零食、辣醬、泡麵、生鮮等都不少，光是做韓式煎餅的粉就有好幾種，我試過不同品牌其實差不多，而且做起來一點都不難，想吃一頓道地韓式料理未必要上館子，來這採買就對了。

- ✉ 38 W 32nd St (Broadway與5th Ave間)
- ☎ (212)695-3282
- 🕐 每日08:00～23:00
- ➡ 搭地鐵B、D、F、N、R、Q至34th St-Herald Sq
- MAP P.277／E2

全素熟食、雜貨專賣門店 Orchard Grocer

- ✉ 78 Orchard St (Broome St與Grand St間)
- ☎ (646)757-9910
- 🕐 每日08:00～20:00
- ➡ 搭地鐵B、D到Grand St或F、J、M、Z至Delancy St-Essex St
- MAP P.283／H2

雖然全素雜貨、乾貨如醬料、莢果，一般超市也買得到，但是在大坪數的上萬項貨品裡尋覓可不是簡單的任務，所以當有像Orchard Grocer這樣小而美、小而巧的雜貨兼熟食店出現，對我們素食者而言是一大福音，譬如說我一直想找尋以豌豆蛋白製的鮪魚，就在這裡巧遇。

位於下東城的Orchard Grocer，像是紐約街角林立的雜貨店的升級版，一樣有賣各式烤盤三明治，只是內容材料物都新鮮、豐富多了，醬汁也都是自製的，用有肉感的食材（波蘿蜜、天貝等），以BBQ醬料、煙燻方式來調味，配上素起司及厚實的麵包，一頓飽足。另外，他們的霜淇淋也很熱門，那天在即將打烊前進去已經完售。

香料、咖哩以及其他專門店
Kalustyan's

- ✉ 123 Lexingong Ave (28th St與29th St間)
- 🕐 週一～六10:00～20:00
  週日11:00～19:00
- ➡ 搭地鐵6至28th St
- 🗺 P.277/G3

這是一家一進門就會迷失的店，迷失在20幾種的咖哩粉、綿延不斷的香料，香草、穀類、豆類、茶葉、花草茶，還有各式印度漢娜（Hena）成分的保養品當中，1層樓不夠，還有2樓，從1944年開店至今，是一家用文字難以形容的店面，因爲如果將內容物列舉出來，會像是一本型錄，如果將用途描述出來，會變成烹調、美容、養生寶典，所以只有親自光臨，證明以上純屬事實，並警告一旦進去，很難全身而退。

全美最大戶外市集
Smorgasburg

- 🕐 Smorgasburg只有4～10月才在戶外，冬天會移師室內，每年的場地不定，詳情以及各據點的資訊請見官網
- 🌐 www.smorgasburg.com

每個週末有2～3萬人來吃的Smorgasburg是全美最大的戶外市集，其實就是白天版的夜市，全部都是食物攤販，只是用餐區是集中在一區而不是每攤都有地方坐下來吃；而且要進入市集的攤販必須經過甄選，透過網路申請，列出產品特色、3種菜單以上的產品、照片等，主辦單位會請有潛力的攤販到辦公室進行展示、試吃，再決定是否能進駐Smorgasburg，聽說競爭頗爲激烈。

或許是嚴謹的篩選過程，確保食物的口味及品質，讓Smorgasburg的規模日益壯大，記得2011年時他們還是跳蚤市場Brooklyn Flea的一部分，當時是在布魯克林Fort Greene的高中操場舉辦，賣飾品、衣服、古董的攤販多過食物，曾幾何時，Smorgasburg已經擴展到週六長駐於威廉斯堡東河、週日於展望公園，還有週間於世貿中心及週二、週三於Hudson Yards，以規模來說，週末的聲勢還是最浩大的，有100個攤販同場競技。

一街一風情，一區一世界

NY A-Z
Neighborhood
New York
分|區|紐|約

1. 曼哈頓 Manhattan
2. 布魯克林 Brooklyn
3. 皇后區 Queens
4. 布朗士 The Bronx
5. 史坦頓島 Staten Island

紐約雖分為曼哈頓（Manhattan）、布魯克林（Brooklyn）、皇后區（Queens）、布朗士（The Bronx）以及史坦頓島（Staten Island）五大行政區，但對多數人而言，「曼哈頓才是紐約」，加上曼哈頓是獨立的島，與其他行政區都有一水之隔，彷彿過了橋跟隧道就是化外之地，紐約人甚至用「Bridge and Tunnel People」來稱呼這些來自其他行政區及紐澤西的人。每到週末，酒吧、餐廳人潮洶湧時，曼哈頓人會撇撇嘴說：「哼，就是那些 Bridge and Tunnel People。」

即使在曼哈頓本島，除了各區之間由街道劃分、特色分明外，有時才隔一條街就有恍如隔世的感覺，如被Houston街一分為二的蘇活區（SoHo）跟諾活區（NoHo），同樣都在百老匯大道（Broadway）大道上，身價就截然不同——前者是最火熱的逛街區，後者雖然也有這些店面，氣氛就顯得舒緩多了。

另外，如上東城主要街道之一的萊辛頓（Lexington Ave），6號地鐵的86街站是往大都會博物館的站，街區大型連鎖商店林立，下一站96街簡直人事全非，景觀頓時荒涼了起來，前方是一望無際的平價國宅。近幾年這樣的反差漸漸縮小，倒也不是貧富差距變小，而是透過開發案鯨吞蠶食，有些停車場變成了高樓，有些老舊建築整個打掉重建，不管怎麼樣，紐約就是處於隨時發展狀態的城市，人事全非也就罷了，景物也未必依舊。

布魯克林

Brooklyn

威廉斯堡
Williamgsburg
P.144

DUMBO
P.140

布什維克
Bushwick
P.146

布魯克林高地
Brooklyn Heights
P.138

布魯克林市中心
Downtown Brooklyn
P.142

公園坡
Park Slope
P.143

展望公園
Prospect Park
P.224

康尼島
Coney Island
P.149

布魯克林北起Greenpoint，南至大西洋岸的康尼島(Coney Island)，東至東紐約(East New York)，西至Red Hook。

［洗心革面的最大行政區］

第一次來紐約，陰錯陽差地在布魯克林未曾謀面的友人家打地鋪（其實是我老弟當兵的同袍，八竿子連不上，但是誰都知道紐約住宿貴，怎麼樣都要牽上關係），沒想到從此就在布魯克林定居了下來。記得當時台灣的朋友問我住哪，我回答布魯克林時，幾乎都可以預期到電話另一端大驚失色，外加「你一定是瘋了」的反應：「天啊，你怎麼敢住布魯克林，那是黑街耶！」「布魯克林很大耶，我住的區Park Slope，旁邊就是面積僅次於中央公園的公園，是布魯克林的第二好區……」不管我如何費盡唇舌與友人解釋，電話另一端的沉默已經說明了一切：「反正布魯克林就是黑人區，第二好的區跟壞區，有什麼差別？」

也難怪，電影裡所描寫的布魯克林大都在1970年代，那是紐約治安最黑暗的時期，別說布魯克林了，就算是時報廣場也是流鶯、毒梟亂竄，中央公園更是罪惡的淵藪。而近年來紐約已成為全美最安全的大城市，布魯克林也因曼哈頓房租高漲而吸引年輕白領、藝術家轉進。

身為Brooklynite（布魯克林人，相對於曼哈頓人的Manhattanite），再也無法忍受這個紐約最大行政區一直被忽略，甚至誤解下去，雖然只能做重點介紹，誠摯希望能將布魯克林迷人的一面，介紹給大家。

[布魯克林的歷史]

西元1897年12月31日午夜，全紐約市民莫不歡欣鼓舞地慶祝，大紐約市合併了皇后區、史坦頓島、布朗士及布魯克林，成為世界上僅次於倫敦的第二大城市；不過，布魯克林人可一點都不領情，他們甚至將這天視為「喪權辱國」的一天。原來，有著獨立的行政資源、爭氣的棒球隊（道奇隊在搬去洛杉磯前的家鄉是布魯克林），並不屑成為紐約市的一部分，尤其是中產階級擔心統一之後，他們會喪失優勢與獨立權，因為曼哈頓的百萬富翁跟新移民都會湧入布魯克林，「污染」他們的公園、歌劇院、博物館甚至媒體，所以他們甚至將合併案稱為「天大的錯誤」（The Great Mistake）。

不過隨著地鐵通車、橋梁與隧道完工，布魯克林與曼哈頓的交流日趨頻繁，布魯克林所展現的工業實力也為成為紐約強大的後盾，但是在很多層次上，布魯克林人仍尋求獨立自主的精神，同時讓很多在曼哈頓因急速變遷而消失的原始面貌，如建築風格、傳統商店、社區人情味等，在布魯克林被保存了下來。

布魯克林高地
Brooklyn Heights

➡ 搭地鐵**R**至Court St，
2、**3**至Clark St
MAP P.135

布魯克林歷史社
Brooklyn Historical
Society
✉ 128 Pierrepon St
http www.brooklynhistory.
org

如果有時間跟精力，從曼哈頓走完布魯克林大橋的話，布魯克林高地將是你最大的獎賞，因為，從曼哈頓那一端看不到曼哈頓完整的天際線，唯有從布魯克林高地觀景台（Brooklyn Heights Promenade），才可以與天際線平起平坐，尤其是夕陽西下，火紅的落日彷彿成為自由女神火炬的光芒、映襯東河的粼粼波光，曼哈頓的萬丈光芒頓時綻放。夜幕低垂，各摩天大樓一盞盞地亮起，與遠方的布魯克林橋、曼哈頓橋相互呼應，這兒同時是紐約百萬夜景觀景處，而且完全免費呢！

當然，你未必要走完布魯克林橋才能享受如此待遇，搭地鐵出了曼哈頓第一站就到了布魯克林高地，Montague街兩旁夾雜著民生必需品及精品店，兩旁延伸出去的

街道則是林蔭翁鬱的棕石屋豪宅，其中有3條「水果街」，分別是鳳梨（Pineapple）、蔓越莓（Cranberry）及橘子（Orange），街名來源一說是19世紀中有位Middagh小姐因不滿街道都是有錢有勢家族的名字，逕自拆下街牌換上水果名（反諷的是Middagh街就在不遠處）；另一說法則是當年的地主是販售異國水果。無論如何，沒有人聲雜沓，只有方便的生活機能，無怪乎明星麥特戴蒙（Matt Damon）闊氣於此置產，以1千6百74萬5千元買下建於1903年，原爲Beaux Arts風格飯店的頂樓，創下布魯克林房地產最高價（The Standish, 171 Columbia Heights）。

　　雖然無緣一窺戴府，還是可以來創立於1863年的布魯克林歷史社（Brooklyn Historical Society）逛國家古蹟，以及400年的布魯克林史。

曼哈頓橋及高架道路下 DUMBO

➡ 搭地鐵**F**至York St

🅼🅰🅿 P.135

布魯克林橋公園
🆑 www.brooklynbridge
park.org

旋轉木馬
Jane's Carousel
🆑 www.janescarousel.
com

St. Ann's Warehouse
🆑 stannswarehouse.org

又是一個典型的紐約地名，用縮寫創造出來。同樣是地鐵出了曼哈頓後的第一站——DUMBO（Down Under Manhattan Bridge Overpass），與布魯克林高地有著截然不同的風情。兩地間有步道Squibb Bridge連結。

記得第一次來DUMBO是到一個攝影工作室看片子，當時天色已經暗了下來，出了地鐵站周圍不但景觀荒涼、沿路還人煙稀少，不禁令人打了個寒顫。按著地址找到大樓的所在，赫然發現根本就是一個廠房，按了電鈴還在猶豫是不是走錯地方時，工作室的人已經下來開門，更驚險的還在後面，我才被告知工作室中養了一隻寵物豬，還來不及反應過來，門已經打開，一隻巨型「迷你豬」從沙發上跳下來，往裡面竄逃，真不知是誰嚇到誰。

這些年，DUMBO也走向仕紳

化（gentrification），原本的廠房搖身一變爲挑高住宅，地鐵站附近冒出玻璃帷幕大樓，本地咖啡豆烘焙Brooklyn Roast也在此開了文青集散地，加上附近**布魯克林橋公園**規畫完善，有運動區、野餐區以及從俄亥俄州搬來，裝置在如玻璃珠寶盒中的48隻、1922年製的**旋轉木馬**（**Jane's Carousel**）；一旁是保留了1860年菸草倉儲外牆，以上演美國前衛舞台劇爲主的**St. Ann's Warehouse**，DUMBO從紐約黑幫電影《四海兄弟》（Once Upon a Time in America）洗白成老少咸宜的遊園地。

布魯克林市中心
Downtown Brooklyn

➡ 搭地鐵 2、3、4、5、
D、N、R、Q 至 Atlantic
Ave / Barcley Center
🗺 P.135

不像曼哈頓的上城（Uptown）、中城（Midtown）、下城（Downtown）是依實際地理位置來命名，布魯克林的Downtown位於布魯克林西北段，是市政、商業中心，像是多數美國城市裡的「鬧區」，和布魯克林高地、DUMBO交界處爲法院、市政府以及富頓商店街（Fulton Street Mall，近150家各式商店），靠近Boreum Hill、Fort Greene的區域則爲安靜的住宅區，中間靠近地鐵站的區塊在2007年都市計畫變更後，摩天大樓一棟接一棟冒出。

由於範圍遼闊，加上又不是數字編碼的街道，探索這區最容易的方法還是找地標建築──建於1929年的拜占庭新羅馬式威廉斯堡銀行鐘塔（Willamsburg Saving Bank Tower），以及2012年完工，類似「小巨蛋」的巴克利中心（Barcleys Center，五月天曾在此開唱）開始，因爲從Atlantic Ave地鐵站出來絕不會錯過。從這裡，往北沿著Atlantic Ave一路有中東風情的服飾、小吃、

古董店，接到Court St後代表法院就在不遠了；往鐘塔與「路衝」Apple Store之間，走到Lafayette Ave轉Fulton St，這端有布魯克林音樂學院以及書店、蔬果店、咖啡店，穿插著黑人假髮造型店、瑜伽中心，有時下班後會從這裡晃去搭車，看到紫髮阿嬤在露天咖啡座獨享早晚餐、爆炸頭黑人邊走邊嘻哈、刺青女同情侶牽手說笑，這可不就是布魯克林可愛迷人之處嗎？

公園坡
Park Slope

公園坡是我來紐約的第一個落腳處，剛開始還不知道，原來只隔一條街的展望公園（Prospect Park）也是中央公園設計師的作品，而且當初很多無法在中央公園達成的理念，都在這兒得以實現。簡單來說，就是一個比中央公園更原始、回歸自然與人本的公園。

我最喜歡黃昏時在附近散步，古色古香的棕石屋前、造型古典的煤氣燈亮了起來，尤其是冬季時上面還堆著積雪，昏黃的燈光映照著皚皚白雪，彷彿置身19世紀。

➡ 搭地鐵F至7th Ave或
15th St-Prospect Park
MAP P.135

威廉斯堡 Williamgsburg

➡ 搭地鐵L至Bedford Ave

🗺 P.135

藍瓶子 Blue Bottle
✉ 76 N 4th St
(Berry St路口)
📞 (510)653-3394

Celcious 洗衣店
✉ 115 N 7th St
(Berry St路口)
📞 (718)388-1221

又是藝術家爲了尋求低租金、大空間而開疆闢土出來的社區，曾經我如此形容這一區：「不過在布魯克林最酷的是，新入住的居民到落腳處後，租金也開始攀升，周遭原有的產業（工廠）卻依然在此安身立命，暫時未受『波及』……，再過幾年之後也會像曼哈頓的Tribeca、Nolita一樣徹底商業化，但起碼現在可以看到兩者共存共榮。」果不其然，建於1882年，曾是世界最大精鍊糖廠的Domino Sugar Refinery於2004年還在運作，現在只剩「空殼」，高聳的煙囪與廠房成爲辦公室，一旁是新建的高檔公寓（一房一廳租金10萬台幣起跳），還好開放給大眾的水岸公園整理得滿漂亮的，這是私人開發案裡必須包含的條件。

當然也不能就此貶抑了威廉斯堡的原創地位，畢竟現在已成爲文化現象的hipster發源於此（hipster比較接近的翻譯是「文青」，泛指非主流、有品味、另類、新潮的城市青年，帶有嘲諷意味）。威廉斯堡居民Rober Lanham在2003年的出版品《文青手冊》（Hipster Handbook）有具體的描繪：「文青就是頂個拖把頭、拿著復古筆記本晃來晃去、穿著厚底鞋、講手機、抽歐洲雪茄，

耳蠟 Ear Wax
✉ 167 N 9th St (Bedford
與Driggs Ave間)
☎ (718)486-3771

Malin's Landaeus
✉ 167 N 9th St
(Bedford Ave路口)
☎ (646)361-0671

**Spoonbill and
Sugartown**
✉ 218 Bedford Ave
(N4 St與N5 St間)
☎ (718)387-7322

**Artists & Fleas
Williamsburg**
✉ 70 N 7th St
(Kent Ave路口)
☎ (917)488-4203

包包裡還要露出切‧格瓦拉（Che Guevera）自傳的年輕人」，自此，hipster一詞也被廣泛運用。

無怪乎來自舊金山的手沖潮咖啡「藍瓶子」（Blue Bottle），在紐約開的第一家店就選在這兒的一棟工業建築改建成的1樓住宅；連這裡的洗衣店也不太一樣，紐約一般的洗衣店在慘白的日光燈下益顯老舊、擁擠，而一對來自德國的姊妹將Celcious洗衣店當咖啡廳經營，邊洗衣服可以邊曬太陽、上網、喝咖啡。

也許是因為文青的懷舊及環保意識，幾家二手店在威廉斯堡意外活得很好，黑膠、經典搖滾專門「耳蠟」（Ear Wax）的唱片讓你聽到耳朵出油，沒有招牌的二手衣店「Malin's Landaeus」老闆Malin是瑞典人，店裡的衣服也來自瑞典，她說「二手衣是一種永續也代表著不過時」；1999年就展店的二手書店「Spoonbill and Sugartown」除了有半價書之外也有不少珍藏本古書；而只在週末營業聚集20攤的Artists & Fleas則是手作與二手兼具，送禮、自用兩相宜。

布什維克
Bushwick

➡ 搭地鐵 **L** 至 Morgan
　 Ave，或是**M**至Central
　 Ave
🗺 P.135

56 Bogart畫廊大樓
✉ 56 Bogart St
　 (Harrison Place路口)
🌐 www.bushwickgaller
　 ies.com/spaces
　 Bushwick畫廊地圖，
　 列有所有畫廊地址及
　 網站

布什維克北鄰威廉斯堡，東北面是Ridgewood，東南邊與 East New York相鄰，南面與Brownsville相接，西南面是 Bedford-Stuyvesant。

　我頻繁往來布什維克的時候是2006年，從網路上找到一份台灣人開的填充玩具工廠產品專員的工作，記得當時人資還跟我說他們很難找人，因為地鐵L車不是主要路線，而地鐵站 Morgan Ave一出來附近除了廠房就是倉儲，公司離地鐵站有一小段路，人資看我不開車，再三叮囑下班最好是搭同事便車到地鐵站以策安全。

　那段時間，有朋友在布什維克的另一頭租房子，離J、M地鐵站Flushing Ave不遠，不算新的三層樓房子，2樓有著紐約極為珍貴的大陽台，綠手指朋友在陽台種滿了花草，白天在華爾街從事保險精算工作，晚上、週末最大娛樂就是坐擁陽台呼麻，還有專人送貨到府，在那一畝陽台度過許多天方夜譚般的旅程，回家的路上，還不忘買包加了辣醬跟萊姆汁的現切芒果邊走邊吃。

Fine & Raw巧克力店

✉ 288 Seigel St
　(Bogart St路口)
☎ (718)366-3633

Urban Jungle
二手衣店

✉ 118 Knickerbocker Ave
　(Flushing Ave與
　Thames St間)
☎ (718)381-8510

Rboberta's比薩店

✉ 261 Moore St
　(Bogart St路口)
☎ (718)417-7118

　　現在Morgan Ave站周邊已成為當年的威廉斯堡，製造業多數遷出，留下的空間變身為藝廊、餐廳、巧克力工廠，也保留了Hipster的風格，講求手作、藝術、另類，加上原有的工業風格，讓這裡塗鴉藝術很精采。一整棟前廠房聚集了10多家藝廊及工作室（**56 Bogart畫廊大樓**）；一家由藝術家所創立的工匠**Fine & Raw巧克力店**，早期還自己騎單車送貨，標榜著直接跟可可豆農夫進豆子，原料單純只用椰子糖，因此有天然焦糖風味；也是開在倉儲空間裡的**Urban Jungle二手衣店**一如其名，物件多到像叢林；餐飲先驅**Roberta's比薩店**賣的是窯烤Pizza，裝潢用上了長榮海運Evergreen的貨櫃。

　　至於Myrtle、Wyckoff Ave這一端，相對來說還維持了原有西語裔的社區風情，這裡以波多黎各族裔為大宗，路邊推車賣的小食如Tamale（以香蕉葉或玉米殼包裹玉米粉及不同內餡，類似粽子的食物）及現切芒果隨處可見，餐廳也以拉丁食物為主。想要感受紐約正港混雜風情，跳過威廉斯堡來布什維克更直接了當。

Luisa Caldwell
——藝術家

圖片提供/Luisa Caldwell

Q：在布什維克住多久？

A：7年，之前在南威廉斯堡住了24年。

Q：爲何選擇布什維克？

A：搬到布什維克是因為價格可負擔，且可愛公寓裡有花園。

Q：如何描述布什維克？

A：依然是工業區但快速轉變的區域，才剛聽說Netflix要在這邊開攝影棚。

Q：布什維克有無任何缺點？

A：新建的公寓帶動了租金的上漲，也讓一些商家難以存活。

Q：推薦遊客去哪裡？

A：**Bushwick Wall**：原本位於地鐵L線Morgan Ave站旁的塗鴉壁畫牆，當時我也有參與創作，現在則擴充到好幾個街區，從Jefferson St地鐵站出來，往Trautman St、Wyckoff Ave及周邊幾條街上都是。

咖啡廳：近地鐵J／M線Myrtle Broadway站的**Cafe Erzuli**藏在花店後面，咖啡好喝，也有抹茶跟酪梨土司，大花園晚上變身酒吧；**Mr. Kiwi's**的現打果昔幾年來都是16盎司4元。

餐廳：**La Lupe Cantina**有新鮮好吃、價格合理的墨西哥食物；**Bizarre**是小酒館，一如其「詭異」店名，邊吃飯可以邊看「變裝皇后秀」(Drag Show)；**Guacuco**是委內瑞拉玉米餅(Aprepas)專賣店，餐廳氣氛輕鬆，我非常喜歡；**Bunna Cafe**是蔬食衣索比亞餐廳，很適合一群人分食放在Injera(用Teff苔麩及大麥所做的酸麵包)的各式小菜。

Bar：**The Keep**有動物標本、夢幻鏡子、報廢物件等元素混搭裝潢，我有時會去那兒畫畫，週三晚上的爵士即興演奏是我每週最愛的活動；**Happy Fun Hideaway**是時尚年輕男女看人、被看的地方。

俱樂部：**Nowadays**有超大的啤酒花園及餐車，還有知名DJ Mister Saturday Nights and Mister Sunday炒熱氣氛，舞會從下午開始，是我夏天很愛的地方。喜歡扮裝的不要錯過**House of Yes**，他們有各式主題秀(脫衣舞孃、高空絲帶雜技等)，很有馬戲團風味。

Cafe Erzuli
✉ 894 Broadway
☎ (718)450-3255

Mr. Kiwi's
✉ 957 Broadway
☎ (718)453-2640

La Lupe Cantina
✉ 9 Jefferson St
☎ (347)715-2455

Bizzare
✉ 12 Jefferson St
☎ (347)915-2717

Guacuco
✉ 44 Irving Ave
☎ (347)305-3300

Bunna Cafe
✉ 1084 Flushing Ave
☎ (347)295-2227

The Keep
✉ 205 Cypress Ave
☎ (718)381-0400

Happy Fun Hideaway
✉ 1211 Myrtle Ave
☎ (917)999-8282

Nowadays
✉ 56-06 Cooper Ave
☎ (347)523-8535

House of Yes
✉ 2 Wyckoff Ave
☎ (646)838-4937

康尼島
Coney Island

➡ 搭地鐵 B、D、F、N、Q
至 Coney Island/Still-
well Ave

MAP P.135

Luna Park遊樂園

✉ 1000 Surf Ave

🕐 隨季節、週間、週末而
異，請查詢網站

🌐 www.lunaparknyc.com

布魯克林旋風隊

🌐 www.brooklyncyclon
es.com

康尼島是地鐵就可以到的城市沙灘，每到夏天，遍地開花的海灘傘密集到快看不到沙灘，每年元旦還有「北極熊俱樂部」的冬泳迎新年。康尼島的遊樂園比起「六旗山」（Six Flags）、迪士尼簡直是以卵擊石，但這裡吸引人的是歷史與懷舊，畢竟康尼島從19世紀中就是海濱度假區，19世紀末有了遊樂園，至今仍在營運的「旋風」（The Cyclon）雲霄飛車是全美最古老的木造雲霄飛車，速度不飛快、高度也不驚悚，但是木頭軌道的顛簸是種奇妙的經驗。

二次大戰後，康尼島的遊樂園走向沒落。建於1939年的「跳傘塔」（Parachute Jump），當年從紐約世界博覽會搬來，也因此成為歷史的見證。沉寂多年後，直到2001年MCU球場完工，2010年Luna Park遊樂園開放，康尼島風華再現。

MCU球場是小聯盟布魯克林旋風隊（就是以雲霄飛車命名）的主場，小聯盟就像為自家子弟兵加油一樣，票價、氛圍都比大聯盟來得平易近人，不到20元就可以坐到本壘板後方位子。Luna Park則融合了新舊設施，1920年的摩天輪（Wonder Wheel）與2014年耗資千萬的「雷電」（Thunderbolt）雲霄飛車同台，貫穿一世紀。

如果刺激非你的菜，漫步綿延5公里的步道吹海風也開懷。

BABE RUTH

The Bronx 布朗士

Westchester郡以南、曼哈頓東北及以東哈林河對岸、皇后區以北東河對岸。

提到布朗士區，最有名的景點莫過於**洋基球場**（**Yankee Stadium**）、**紐約植物園**（**New York Botanical Garden**）及**布朗士動物園**（**The Bronx Zoo**），一般人通常搭地鐵到目的地，看完球賽或是看完動、植物就直接離開，鮮少多做停留。

在Google搜尋The Bronx，冒出「People also ask」的問題是：「布朗士是紐約最危險的區域嗎？」而答案是：布魯克林的某些區域甚至曼哈頓中城的犯罪率都比布朗士高。以我通勤2年到布朗士上班的經驗，布朗士雖窮但並不危險，地鐵一旦進入138街布朗士的範圍，一路上下的乘客，有一路咆嘯把他前妻的祖宗三代都問候一遍的人模人樣男，也有辱罵小孩到令人不忍卒睹的失控媽媽。他們雖然沒有攻擊性，說真的，就是會讓人不舒服。

擁有知名景點的嘻哈文化發源地

　　滿溢的情緒必須找出口宣洩，嘻哈（Hip Hop）起源於布朗士街頭也不意外了，在1973年初期非裔及拉丁裔創造出結合了饒舌（Rap）、DJ、霹靂舞及塗鴉，主要四元素的街頭文化，很多非裔講話感覺就像在飆饒舌，他們獨特的「黑話」不是只有我們常聽到的Bling Bling而已。

　　令我比較意外的是，有次為了聽講座，我來到紐約市立大學（CUNY）體下的Lehman College，一進校園就完全被古色古香的校舍所吸引，雖然沒有常春藤名校規模，但逛起來還是頗舒服的。

洋基球場
Yankee Stadium
✉ 161st St
➡ 搭地鐵 **4**、**D** 到161st
　St-Yankee Stadium

紐約植物園
New York Botanical
Garden
✉ 2900 Southern Blvd
➡ 搭Metro North哈林線
　到Botanical Garden

布朗士動物園
The Bronx Zoo
✉ 2300 Southern Blvd
➡ 搭地鐵 **2** 到Pelham
　Pkwy

Lehman College
✉ 250 Bedford Park Blvd
　West
➡ 搭地鐵 **4**、**D** 到Bedford
　Park Blvd

Queens

皇后區

位於長島西南端與布魯克林交界，東邊為Nassau郡，也與曼哈頓及布朗士隔水交界。

紐約兩大機場都在皇后區，順勢成為移民落腳地，將近一半的人口都並非在美國出生，讓皇后區成為世上族裔最多元的都會區域。要體驗文化的捷徑就是從美食開始，每年4～10月週六晚上，在**法拉盛草原可樂娜公園（Flushing Meadow Corona Park）**、科學博物館（Hall of Science）前的皇后夜市（Queens Night Market），有來自世界各國等50個街頭小食攤位，另外還有藝術家攤位及音樂演出等，創辦人John Wang原本是個律師，當他思索生涯的下一步何去何從時，想起小時候的夏天是在台灣的夜市度過，他有了靈感，紐約沒有露天夜市！

來夜市前當然要逛逛曾在1964、1965年舉辦世界博覽會的公園，當年的大地球儀（Unisphere）依然是顯著的地標；而紐約科學博物館（New York Hall of Science, NYSCI）也是世

[最大、最多元的行政區]

博會的一部分，透過各式展覽及活動培養未來科學家，很適合親子共遊；世博會展場還有皇后博物館（Queens Museum），經過2013年的大改造，整個博物館的採光以自然光為主，空間寬敞流暢，其中具代表性的展品在世博會展出，1:1,200比例的紐約市鳥瞰模型，因應紐約市建築不斷增加，模型也需擴充，博物館開放建築認購，只要100元就可以擁有紐約「地契」。另外大都會棒球場（Citi Filed）及美網球場（U.S Open）也在隔壁。

　　皇后區另一個知名區域是長島市（Long Island City），亞馬遜原本宣布在此設立第二總部，後來遭受居民反對又反悔撤出，這裡的新建案早就如火如荼，主因是離中城近，上班方便，加上東河邊的Gantry Plaza State Park眺望曼哈頓天際線，是散步、吹風、賞夜景的好所在。

法拉盛草原可樂娜公園
Flushing Meadow Corona Park
✉ 161st St
➡ 搭地鐵**7**至111th St

Gantry Plaza State Park
➡ 搭地鐵**7**至Vernon Blvd - Jackson Ave

Manhattan

曼哈頓

哈林區
Harlem
P.196

上西城
Upper West Side
P.193

上東城
Upper East Side
P.190

中央公園
Central Park
P.205

羅斯福島
Roosevelt
Island
P.227

中城區
Midtown
P.185

哈德遜園區
Hudson Yard
P.188

雀爾喜與肉品包裝區
Chelsea & Meatpacking District
P.155

格林威治村
Greenwich Village
P.180

諾麗塔
Nolita
P.174

東村
East Village
P.176

蘇活區
SoHo
P.171

下東城
Lower East Side
P.166

翠貝加
Tribeca
P.168

中國城與小義大利
Chinatown & Little Italy
P.159

下城（金融區及華爾街）
Downtown
P.163

[活力依舊但不再狂野]

Chelsea & Meatpacking District

雀爾喜與肉品包裝區

6大道以西，
14～30街之間

雀爾喜
Chelsea

CHC GALLERY

雀爾喜的發展，比西村、蘇活要來得晚，卻有著後來居上的潛力，尤其是原本廢棄鐵道改建的空中鐵道公園「高線」（High Line）大受歡迎，也帶動附近租金高漲。

以同志社群來說，西村雖然從1960年代就是同志平權運動的重鎮，至今依然彩虹旗飄揚，不過雀爾喜的同志族群相較之下顯得更為年輕、時髦，這些年也已經往中城西方向、34到58街的「地獄廚房」（Hell's Kitchen）移動。蘇活區的畫廊出走至中國城、下東城，在此落腳後多數由倉庫改建，所以展場的挑高、空間都十分揮霍，作品也格外地有氣魄。這些年零售業因不敵電商，雀爾喜空出了許多店面，原本藏身於大樓中的畫廊，趁著這個機會租下了原本租金偏高的店面，藉此吸引原本不會刻意走進畫廊的年輕客層，雀爾喜的畫廊重鎮地位屹立不搖。

高線 High Line

　　High Line原是1934年開始營運的高架貨運鐵道，在此之前地面運輸煤炭、肉品、乳品的火車常撞死人，才有了高架計畫。但是1950年代後貨運卡車開始興盛，鐵路的營運開始衰退，到了1990年代已經荒廢，原本打算拆除，但在「高線之友」(Friends of High Line)非營利機構奔走下，將鐵道保留下來開發為綠地，更保留了因荒廢多年而意外存活下來的原始植被。

高線 High Line

✉ 從Gansvoort延伸到34街，全長2.33公里，沿著10大道，每隔幾條街就有樓梯入口

🕐 冬天07:00～19:00，夏天延長到22:00

MAP P.278／A1，P.276／A2

　　如今High Line已成為最夯的景點，一年就有500萬人次造訪，很多時候都摩肩接踵像菜市場，如果想享受漫步在半空中、穿越造型前衛的建築，或是找個躺椅放空，建議時段是清晨或晚上。

肉品包裝區
Meatpacking District

Jeffrey
📧 449 W 14th St
📞 (212)206-1272
🗺 P.276／C6

至於雀爾喜西南邊的「肉品包裝區」就更酷了，區如其名，半個世紀前，此區聚集了300家肉商，也不過十多年前還有30家左右的肉商，清晨4、5點，當舞廳、酒吧的人潮逐漸散去，一車車已經宰殺好的豬隻剛被送到，整整齊齊地掛上輸送架、等著被分裝，這是我在紐約看過最詭異的一幕。而現在，碩果僅存的7家聚集在一棟隸屬於市政府建築，市府以不到市場行情價10%的租金出租給肉商，讓「肉品包裝區」的名號得以維持。

1999年，曾是紐約高檔百貨公司Barney New York的鞋子採購Jeffrey Kalinsky首先發難，在這兒開起集合了時尚雜誌編輯摯愛的品牌Jeffrey，立即吸引了高敏感度的敗家女搭計程車專程來採購，隨後引爆了此區的名牌精

品及設計師家具的爭奪戰。

　　弔詭的是，即便看似高檔的時尚精品，也敵不過更高檔的房租，尤其是惠特尼美術館進駐後更是漲翻天，所以只剩下元老Jefferey屹立不搖，連Alexander McQueen、Stella McCartney等知名品牌都被高科技、高檔家具及連鎖所取代，如三層樓的**Apple Store**、三層樓的咖啡主題樂園**Starbucks Reserve Roastery**、標榜不是商店而是體驗與靈感的**Samsung 837**，以及來自舊金山，將古蹟建築翻修成有玻璃電梯、屋頂餐廳的**Restoration Hardware**家具店，用設計、社交空間來打破「零售業已死」的哀歌。

　　原本「屠夫、人妖、銀行家、粉領新貴等齊聚」的特色區域，因為天殺的房租而變成一個華麗同溫層的購物餐飲區，這些在一切向錢看的資本主義之都只能說是必然，連「高線之友」的執行長都承認High　Line帶來的人潮與噪音讓附近居民不堪其擾，紐約發展的兩難，從不間斷。

Apple Store
✉ 401 W 14th St
☎ (212)444-3400
🗺 P.276／C6

Starbucks Reserve Roastery
✉ 61 9th Ave
☎ (212)691-0531
🗺 P.276／C6

Samsung 837
✉ 837 Washington St
☎ (844)577-6969
🗺 P.278／A1

Restoration Hardware
✉ 9 9th Ave,
☎ (212)217-2210
🗺 P.278／B1

[追尋故鄉味的便宜區]

Chinatown & Little Italy

中國城與小義大利

堅尼街(Canal St)以南

這個北美最大的華人社群，雖然處處是中文招牌、中文路標，但狹窄、崎嶇如迷宮陣的街道已經夠複雜了，更令人困惑的是，這裡的中文路標常常是有看沒懂，如「Mott St」是「勿街」、「Canal St」是「堅尼街」等，連到中餐館點餐都是一頭霧水，如「chow fun」不是「超有趣」、「雜碎」不是用來罵人的……總歸一句話，如果你愛看港劇、略通廣東話，以上都不成問題，因為用廣東話念起來一切就合理化了——這裡一直是廣東移民的大本營。

華人移民的新故鄉

　　近年來隨著福州一村子、一村子的新移民湧入，不論是合法入境，或是偷渡在中國城落腳，中國城版圖開始重新洗牌，堅尼街依然是廣式唐人的主要街道，但堅尼街往東到底相接的東百老匯大道(East Broadway)就是福州人的天下，這裡沒有廣式中文，只有如「鴨蛋秋」等賣些「鍋邊」(類似台灣的鼎邊剉)、「炸芋頭糕」、「福州魚丸」等福州小食的食

肆。很多福州人在此落腳後並不會久留，他們會到美國南方或中西部城市賣美式中餐，因此這裡也是「中國城巴士」的大本營，幾乎每天都有車到車程5小時內的費城、波士頓、華盛頓DC，甚至車程10幾小時外的亞特蘭大、奧蘭多、克里夫蘭等城市，價格是灰狗巴士的一半不到，所以受到學生及省錢一族的青睞。幾個小時的巴士我搭過其實還滿舒適的，甚至還有Wi-Fi，但是10幾個小時的巴士，我就沒有勇氣嘗試了。

　　對老一輩的移民而言，他們在中國城的衣廠及餐館打拼攢錢，在老舊、擁擠的公寓安居樂業，與生鮮蔬果魚肉攤討價還價間解決民生問題，一輩子都不需與外界打交道。對我們這些不想住中國城、卻又不能忘情中式食物的人，三不五時「進城」採購或是上餐館打牙祭，則成為紐約生活最經濟實惠的享受，一碗熱騰騰的粥比星巴克的拿鐵還便宜，港式飲茶也維持了正港推車隨點隨上的桌邊服務。

遊客搶購仿冒名牌的天堂

　　而遊客呢？堅尼街上隨時隨地擠滿了各國遊客，每個人手上都提滿了黑色塑膠袋，你以為他們來這兒採購繡花鞋、小肚兜？抱歉！路易威登、普拉達、香奈兒的魅力更勝一籌，更誘人的是它們的單價都是原價的零頭，這兒可是仿冒品的大本營。因為美國政府掃蕩仿冒品，販售轉明為暗，一路上會有華人女性手拿單張型錄，持續碎碎念「LV、LV、Prada、Prada」，有意者會被帶上廂型車看貨。

　　這些年中國城也開始有了微妙的變化，很多年輕一代不願意繼續延續老一輩的生活方式，開始求新求變，譬如說「勿街」上的現做泰式冰淇淋捲（Minus 10 Ice Creame），因為噱頭夠也好吃總是大排長龍。而「茂比利街」的Eggloo則是從小吃港式雞蛋糕長大的華裔店東，以雞蛋糕鬆餅加上冰淇淋，成為Instagram上的「網美」。此外，原本屬於下東城、蘇活的咖啡、精品店、畫廊也持續零星進駐。

被中國城鯨吞蠶食的小義大利

相形之下，被老中鯨吞蠶食的「小義大利」就顯得勢單力薄許多，雖然19世紀時這兒曾經是義大利移民的大本營，《四海兄弟》(Once Upon A Time in America) 導演馬丁史柯西斯 (Martin Scorsese) 在這兒長大，也曾在他的電影中刻畫此處的黑幫文化；不過隨著義大利移民遷出，「小義大利」只剩下茂比利街 (Mulberry St) 上有10多家的義大利餐廳，格蘭街 (Grand St) 上有些零星的義大利臘腸、食材店。

這兒的餐廳多做遊客生意，畢竟在紐約的義大利移民開枝散葉，加上嗜食美食的民族性，道地的義大利餐廳早就散布全紐約 (請見「美饌紐約」及「多元種族與飲食」單元)，就別花冤枉錢，跟一堆人擠在鋪著廉價地毯的狹窄人行道上吃飯吧！

Downtown
Financial District & Wall St

下城（金融區及華爾街） Chambers街以下

華爾街名稱的來源

　　華爾街是當初荷蘭人建立的殖民地「新阿姆斯特丹」（Nieuw Amsterdam）的所在，也是紐約的發源地。1612年第一批荷蘭商人來此開疆闢土，移民也隨之進駐；1664年英國人接收了這塊殖民地，將此改名為「Duke of York」，「下城」地區依然可以看得到荷蘭人治理期間所遺留下來，蜿蜒、狹窄的石板路。

　　下城的名街「華爾街」，英文「Wall St」，直譯為「牆街」，其實，在荷蘭人統治時，是真的有一道9英尺高的木板牆，用來阻擋當時的敵人英國人及印地安人。到英國人統治時，這道牆當然也就應聲而倒了，「牆街」的名字卻沿用至今。

　　這條「牆街」後來成為財務、金融的代名詞，肇始於1792年，24個交易員在華爾街60號的梧桐樹下的非正式聚會，交易獨立戰爭所遺留下來的大筆債券，這也是紐約證券交易所（NYSE）的前身。之後，美國運通也在此建立總部，「華爾街＝金融重鎮」的雛型逐漸浮現。

　「911」之後，NYSE不再對外開放，雖然損失了入內見識股市交易員比手劃腳、紙片滿天飛交易盛況的機會，但建議你還是選在週一至週五上班時間來華爾街，除了享受看人的樂趣，空氣中瀰漫的咖啡香及、烤花生香，連嗅覺都一併照顧。

走路有風的富有世界

　「新、速、實、簡」，是華爾街上班族尋覓食物的最高指導原則，於是三步一小車、五步一大攤的熱狗攤成為華爾街的特殊街景。別小看這些熱狗攤，他們可是麻雀雖小五臟俱全，小小的玻璃櫃裡井然有序地擺滿了麵包、馬芬、貝果、蛋糕、礦泉水、現煮的咖啡、茶等等，華爾街人活力十足的一天，就從右手的早餐、左手的華爾街日報開始。

　在紙醉金迷之外，華爾街也有身、心、靈的一面。在華爾街與百老匯大道（Broadway）交界處，就是著名的「三一教堂」（Trinity Church），穿梭於銀行、證券商、律師樓，走入三一教堂猶如進入一片淨土，尤其是教堂的鐘聲在整點響起時，為下

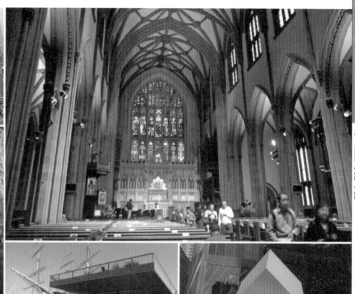

城注入一股寧靜祥和的氣氛。不過，三一教堂的財經勢力可不容小覷，因為1705年安妮女王（Queen Anne）賜予教會一大片土地，範圍從Fulton街到Christopher街，及百老匯大道至哈德遜河，讓三一教會成為紐約的最大地主。雖然教會現在僅保留了5%的土地產權（每年約4,000萬元），但也足以維持教會的運作，此外，教會也還保有哈德遜河上無名沉船及擱淺鯨魚的產權。華爾街畢竟還是華爾街，即使是教會也一樣有錢有勢。

Duan Reade
✉ 100 Broadway
MAP P.284／D3

郵局
✉ 90 Church St
MAP P.284／C2

如果你既不有錢、也不有勢，沒關係，來到華爾街不用花大錢一樣可以裝闊，不管是走進梁柱華麗的藥妝店Duan Reade，還是到有著Art Deco門面的郵局寄明信片或拍照打卡也是可以啦，都讓你覺得，人在金融區，走路都有風。

Lower East Side

下東城

被Houston街、Canal街、FDR Drive包圍的中間地帶

雖然一度是世界最大的猶太社區，但隨著移民的湧入，義大利裔、拉丁裔、乃至中國城的向外擴張，下東城（LES）成為名符其實的民族熔爐，車衣服成為移民謀生的方法，紐約車衣工業也由此開始。

作為移民落腳的地方，下東城保存了1863年7,000名住戶的「廉價公寓」（Tenament），Ochard街97號及103號，由於1935年時房東將房客驅逐，封鎖了住宅公寓，只留下1樓店面，一直到1988年下東城廉價公寓博物館（Tenament Museum）成立才介入修繕，因此意外保留了廉價公寓的原貌，成為歷史古蹟。參觀公寓必須參加博物館的導覽行程。

大約90年代末，新銳設計師為了找尋便宜的租金而開始往下東城移動，一間間個性小店如雨後春筍般冒出。與蘇活區、翠貝加等區不同的是，下東城的變遷是新舊並行不悖的，在窗明几淨的個性小店不遠處，就是廉價成衣店（已

屈指可數了)：而糖果有如小山一樣高，把整個店都塞滿了的 Economy Candy，從1937年至今都未曾改變過。

　　入夜以後的LES是濃妝豔抹換上晚禮服的風情，Orchard街上的酒吧紛紛醒了過來——The night is still young！LES的酒吧規模都不大但氣氛融洽，加上通常不收入場費，放的音樂又酷，總是吸引那些不屑與熱門又高傲的舞廳打交道的另類派對動物。白天尋寶、晚上尋歡，下東城滿足你的生理、心理需求。

廉價公寓博物館
Tenement Museum
✉ 103 Orchard St.
🌐 www.tenement.org，可在官網上預訂導覽行程
🗺 P.283／H1

Economy Candy
✉ 108 Rivington St
📞 (212)254-1531
🗺 P.283／H1

美食與菁英，配上有錢人才住得起的大倉庫

Tribeca 翠貝加

堅尼街以下的三角地帶(Triangle Below Canal)，南至Barclay街、北到Canal街、東到Broadway、西到哈德遜河。

和蘇活區的發展類似，有著挑高的樓層、寬闊的空間以及具特色的鑄鐵式建築，讓翠貝加也成爲不少畫廊、餐廳、精品店的聚集處。這些氣派的建築多建於19世紀末期，原本的功能是倉庫，爲什麼要把倉庫蓋得這麼華麗呢？曼哈頓本身就是貿易港，進出口貨品需要空間堆放，所以當時的倉庫是財富的象徵，無怪乎倉庫建得一個比一個氣派。

這些倉庫多數被保存了下來，偌大的空間成爲百萬豪宅，連紐約人自己都說：「在別的城市，幾年前就被拆除的建築，

在紐約卻是超級有錢人才住得起。」(Even the superrich live in buildings that most cities would have torn down years ago.——Carl Glassman, Editor, Tribeca Trib)。我的朋友親眼見識過，有人爲了拯救烏龜，而在翠貝加租下了整層樓，養了上千隻的烏龜，各種品種都有，只因爲他在中國城看到待宰的烏龜於心不忍，不僅買下了那些烏龜，也展開了他的烏龜收藏，救一隻算一隻。他每天

的工作就是照顧他的愛龜。「他都不用工作嗎？」我問道。
「他家產雄厚，吃老本就吃不完了。」友人早就打聽過了，
「這種事只有紐約才有。」這是我們聽完幸福翠貝加烏龜故
事的結論。

翠貝加的傳奇當然不只這些，「911」之後，離世貿大樓不
遠的翠貝加也深受影響，不僅經濟受重創、連居住環境都陷
入一片塵埃中，翠貝加的「原住民」勞勃狄尼洛在「911」的1
週年時發起了「翠貝加國際影展」（Tribeca Film Festival），藉

此將人潮帶入翠貝加。影展從2001年開辦以
來，從規模越辦越大的成果看來，原來影展不
只是放放電影而已，還有凝聚民心、振興經濟
的功能呢！

翠貝加也是美食重鎮，鼎鼎大名的日本料理
店Nobu Downtown、以Brunch著稱的Bubby's、
勞伯狄尼洛開的Tribeca Grill，以及Odeon
法式小酒館，有著醒目霓虹燈招牌，古柯鹼

窟流，是80年代紐約塗鴉藝術家安迪沃荷、巴斯奇亞（Jean-Michel Basquiat）時常流連的地方，這些都是翠貝加元老級的餐廳。**Arcade Bakery**，店如其名，是開在1920年代辦公大樓拱廊的烘焙店，現烤麵包、比薩隨時出爐，整個拱廊香氣溢滿。因為位於辦公大樓，所以只有在週間營業，且只開到15:00。

在「倉庫豪宅」群裡，有一棟60層像「疊疊樂」的大樓特別醒目，與北京奧運的「鳥巢」體育館為同一建築師搭檔（瑞士的Herzog & de Meuron），據說有個法國人用電話直接以600萬下單一戶，只因他擔心飛來看屋前就銷售一空，只能說有錢人就是任性啊！

Nobu Downtown
✉ 195 Broadway
☎ (212)219-0500
🗺 P.284／D2

Bubby's
✉ 120 Hudson St
☎ (212)219-0666
🗺 P.282／B4

Tribeca Grill
✉ 375 Greenwich St
☎ (212)941-3900
🗺 P.282／A5

Odeon
✉ 145 W Broadway
☎ (212)233-0507
🗺 P.282／B6

Arcade Bakery
✉ 220 Church St
☎ (212)227-7895
🗺 P.282／C5

[名牌、藝術聚集地]

SoHo 蘇活區

哈斯頓街以南(South of Houston)，堅尼街以北(North of Canal)，SoHo就是South of Houston的縮寫。

蘇活區東西橫跨約20條街區，南北只有5條街，在這彈丸之地裡塞進了大約250家畫廊、2家博物館、200家餐廳及100家店面。各大名牌Prada、CHANEL、LV、三宅一生等全員到齊，當年英國快速時尚TopShop，也選擇蘇活區開設占地四層樓的全美第一家店。和第五大道、麥迪遜大道不同的是，蘇活除了國際級名牌外，還穿插了不少高檔次的獨立設計師名店及家具、家飾店，加上街道狹窄，逛起來比上述兩條大道省時、省力些。無論在什麼時候來到蘇活區，都很難避免摩肩擦踵的人潮，每個人手上都提著購物袋，面露「我在蘇活區血拼滿載而歸」的神情。

在逛街的同時，別忘了抬頭看看蘇活區的建築，這兒有紐約最密集、保存最好的鑄鐵建築，防火

梯就外掛在建築外，多建造於19世紀，屬於維多利亞哥德式（Victorian-Gothic）、義大利式及新希臘式（neo-Grecian）風格。而鑄鐵之所以受歡迎，是因為當時人們相信它比鋼來得更堅固且防火。

　　早期這些建築都是倉庫、工廠，其挑高無隔間的空間，成為藝術家的工作室。隨著租金飆漲，藝術家撤離，畫廊接手。創立於1972年的**Artists Space**是紐約市最早的另類畫廊之一，孕育了不少新銳藝術；The Drawing Center如其名，展出以畫紙為媒介的作品，鑄鐵梁柱及木頭地板見證蘇活區畫廊的黃金歲月；而Dia的「**The New York Earth Room**」則是Walter De Maria於1977年以12萬7千3百公斤泥土「打造」的裝置藝術，在光鮮亮麗的蘇活區親炙土味接地氣。由車庫改建的**Deitch Projects**以普普藝術為主打，色彩總是繽紛燦爛。

　　蘇活區還有個消防博物館（New York City Fire Museum），原本是消防隊的建築，所以很容易以為是消防局而錯過。館中以照片、裝備等完整展示紐約消防歷史，以及專區弔念343位在911恐攻事件中犧牲的消防員、急救難人員。很適合小朋友來，可以換上消防裝以及學習消防員的救火技巧。

Artists Space
✉ 80 White St
📞 (212)226-3970
MAP P.282／D4

The New York Earth Room
✉ 141 Wooster Street
📞 (212)989-5566
MAP P.279／G6

Deitch Projects
✉ 18 Wooster St
📞 (212)343-7300
MAP P.282／C3

消防博物館
New York City Fire Museum
✉ 278 Spring St
📞 (212)352-3117
MAP P.282／A2

Nolita 諾麗塔

小義大利區以北North of Little Italy

PALM READING こ20！

台灣的房地產業者在推建案前，都會先為還是一片空地的案子取一個響亮的名字，以吸引買氣，沒想到這招在紐約也適用，諾麗塔就是紐約房地產仲介所創造出來的。這兒原本不過是小義大利的一部分，1990年代房地產開始炒作，加上蘇活區、翠貝加也已經處於滿載狀態，這片原本都是桔仔店、肉店等再平凡不過的區域飛上枝頭變鳳凰，成為精品小店林立的好逛區。

不同於蘇活、翠貝加由倉庫改建的挑高、寬廣店面，諾麗塔的店一眼就可以望穿、小到幾個人進去就宣告客滿，正因如此，這裡不太可能像蘇活那樣被連鎖品牌攻陷，因為小廟供不起大佛。諾麗塔多了一份悠閒感以及職人的手作感。譬如獨立書店McNally Jacskons Books and Cafe，手寫的推薦卡就是多了份誠意，雜誌的選擇也頗獨到，例如全本掛名編輯都是喵星人的Kuso雜誌。雖然也

一度傳出因租金高漲必須另覓他址，起碼目前還安在。

　　小店來來去去，活得很好的是古巴與墨西哥菜的Café Habana及法式的Café Gitana，Café Habana從1997年開到現在，招牌菜之一是灑上起司粉、辣椒粉、擠上萊姆汁的烤玉米，分店還開到杜拜、東京去。

McNally Jacskons Books and Cafe
✉ 52 Prince St
　　(Lafayette St與Mulberry St間)
☎ (212)274-1160
MAP P.283／E1

Café Habana
✉ 17 Prince St
　　(Elizabeth St路口)
☎ (212)625-2001
MAP P.280／B6

Café Gitana
✉ 242 Mott St
　　(Prince St路口)
☎ (212)334-9552
MAP P.280／B6

［前衛酷炫的友善異文化村］

East Village
東村

東14街以南，3大道與Bowery街交叉口以東，Houston街以北。而過了1大道的大道，由於以A、B、C命名，所以又稱為「字母城」(Alphabet City)。

從19世紀的農場、到百萬富豪進駐，一直到20世紀初來自愛爾蘭、波蘭、烏克蘭、德國等移民湧入，富豪因而搬往上城，東村歷經了1960年代的嬉皮世代、1970年代末期至1980年代的龐克世代，至今依然保有那種放蕩不羈的叛逆性格。從Astor Place開始，曾經是「怒髮衝冠」外加紋身刺青以及耳洞、鼻環龐克族的勢力範圍，現在多被餐廳、咖啡廳、個性小店所取代。

叛逆與友善並存的獨特性格

儘管如此，東村還是保留了其獨有的酷及前衛的友善。其實有一陣子沒有來逛這裡了，特別來「舊地重遊」，雖然少了原本印象中的「憤青」氛圍，有趣的小店還是令人驚喜，譬如不到10個位子、外面看進去像是燈箱的小咖啡店，裡頭只有一個看起來20出頭的眼鏡女生煮咖啡顧店，那天的傍晚很安靜，只有偶爾進來

買咖啡的客人，我喝著抹茶拿鐵聽著店裡從齊柏林飛船、滾石一路飆到皇后、平克佛洛伊德樂團的搖滾，音量調得很剛好所以不干擾，我走向前跟女生說我喜歡她放的音樂，但是這些音樂跟她的年紀不相符啊，她回說因為她爸媽都是搖滾樂迷，她從小都聽這些音樂長大，她很受不了很多咖啡館放的情調音樂，酷！

或是跟朋友吃完早午餐隨處逛逛，眼尖的朋友看到玻璃櫥窗內有著爭奇鬥豔的鮮花，這在冬末的紐約很罕見，我們好奇地走進去才發現裡面別有洞天，除了一進門的花店，高挑的空間掛滿了黑膠唱片，透過古董級留聲機播放，工作人員忙著換下Cafe菜單布幕，原來這裡白天是咖啡店，晚上則是改賣啤酒、韓式炸雞的複合店。

從「黑勢力」變身為異國美食區

「字母城」早年是龍蛇雜處之區，連紐約客都自嘲說，來這兒就別想毫髮無傷地全身而退，但是在紐約前任市長朱利安尼大力掃蕩後，連位於東7街夾A大道及B大道間，當年的毒窟Thomkins Square Park，都已成為東村最優歇腳兼瀏覽眾生像的去處，夏日還有免費的茱鳥帕克爵士音樂節。

東5街、東6街，一直到東12街，小店依然是林立期間，展現東村街頭藝術風的壁畫也沒掉漆，只是經營型態改變了，特色小食店年輕化，裝潢很適合打卡上傳，而2大道上14街到6街這一段，波蘭料理、日本料理、義大利料理、中式料理、猶太料理、烏克蘭料理各據一方，多數為老店，規模通常不大，價格也都平易近人，東村依然保有了美食聯合國的地位。值得一提的是，東6街聚集了好幾家印度餐廳，有「小印度」之稱，價格便宜且多數有印度音樂的現場演奏，但口味卻令人不敢恭維，還是別花冤枉錢了，想吃道地的印度美食請往東28街的咖哩丘（Curry Hill）移動。

就是那個可以轉的方塊以及鐵網綠建築

東村的「註冊商標」，不！應該說是紐約的經典公共藝術「亞斯特廣場方塊」（Astor Place Cube，正名是Alamo），佇立在亞斯特廣場（Astor Place）已逾半個世紀，1967年由匿名者捐給紐約市藝術家Tony Rosenthal的雕塑作品，是當年「環境中的雕塑」展的作品之一，當時的公園局首長覺得雕塑不應該被局限在博物館中，而應該散落在全市各地，居民路過、辦事經過的地方，成為日常生活之一。

果然，這個方塊成為了地標，人們相約於此，不信邪的人給它轉一下（轉起來比想像容易）。2014年，因為施工的關係，方塊消失了1年，每次經過還真有點不習慣。

而就在方塊的斜對面有一棟看起來奇形怪狀的建築，則是紐約以工程、藝術聞名的庫柏聯盟學院（Cooper Union）新校舍，取代隔壁日益老舊的建築。別看這建築被「鐵網」包著，其實內部75%可以接收自然光，是紐約市第一個獲得美國綠建築協會認證的「領先能源與環境設計」（LEED）的學術、實驗室建築。

Greenwich Village

格林威治村

14街以南，哈德遜街(Hudson St)以北，
拉法葉街(Lafayette St)以西到哈德遜河。

格林威治村又稱爲西村（West Village）或村子（The Village），以華盛頓廣場爲起點，一路往西延伸。

兼容並蓄的村子文化

西村的迷人性格在於其兼容並蓄的多元面貌，華盛頓廣場的波西米亞民謠歌手巴布狄倫（Bob Dylon）跟瓊拜雅（Joan Baez）在1960年代初期成名前，都曾經在這兒賣唱過；西3街的爵士風情——「藍調爵士」（Blue Note，見P.108）成爲全世界爵士迷朝聖的重鎮；MacDougal街的舞文弄墨——Louisa May Alcott在此完成了《小婦人》（Little Women）；Christopher街的同志平權——1960年代末期的石牆事件（Stonewall Inn Riots，見P.91）爲爭取同志權益的濫觴。而Charles街的布爾喬亞，充滿極簡風格的棕石豪宅，盡是行事低調的政商名流。

這個19世紀初期還是農場牧地的區塊，在

歷經成為軍事用地後，周邊的區域由具有實驗性精神外加拓荒性格的文人、藝術家先行入駐，住過村子的文人騷客包括愛德加愛倫坡（Edgar Allen Poe）、E.E Cummings、尤金歐尼爾（Eugene O'Nell）等，當然《村聲》週報（Village Voice）也是在這兒發刊的。

現在的村子依然保有了當年的多樣性，村民、遊客、過客共享村子中別有洞天的建築風格、得天獨厚的哈德遜河水岸風情，以及就算每天都外食也未必會重複的餐廳。

如何逛村子

為了盡一個作者的責任及義務，我手邊擁有多種版本關於如何逛村子的資料，並身體力行地做驗證，我的結論是：由於各家版本的重點不同，有些以建築為主，有些以有歷史意義的酒吧、餐廳為主，很難有兩者兼具的。此外，不管如何按圖索驥，都還是很難避免迷路，因為連「村民」本身都未必能清楚地指引方向，所以如果真的迷路了，別慌張，也別緊盯著手機地圖小藍點，放慢腳步欣賞一下周遭的風景，踏著石板路前行，你會發現這裡不是紐約，而是巴黎或是倫敦。

迷路的時候尤其擔心安全問題，村子的治安良好，晚上也有熱鬧的夜生活，所以不需要過於擔心，當然身為一個異鄉客該具備的警戒度，還是隨身帶著吧！

**6大道 &
7大道南
6th Ave &
7th Ave South**

村子裡最寬廣的兩條大道，7大道南整條街都是餐廳及酒吧，週末清晨1、2點都還是人潮洶湧，不過真正好吃的餐廳幾乎都不在這。6大道與西10街交叉口的城堡式紅磚建築是Jefferson Market Courthouse，建於1870年代，曾被評選為全美最美的建築之一，現在是圖書館（見P.41）。與9街交口的C.O. Bigelow Apothecaries創立於1838年，是保存了當年木製陳列架的藥妝店，有不少歐洲進口的保養品、昂貴的蠟燭等，馬克吐溫當年住在附近時曾是常客。從6大道轉進西10街、11街，銜接Greenwich Ave及Waverly Place一帶，村子的喧囂有如裝上了消音器，眼前出現的猶如歐洲小鎮般的風情，尤其是傍晚時遠處傳來的教堂鐘聲，恍如隔世。

華盛頓廣場
Washington Square

被紐約大學（NYU）包圍的華盛頓廣場，自然而然成為這所紐約最大私立大學的校園，在這兒隨時可見電影系的學生在拍電影，期待成為下一個李安。中間的噴水池夏天才會噴水，其他時間就成為許多街頭藝人愛現的舞台；前方的拱門是紐約知名建築師斯坦福懷特（Stanford White）的作品，建於1892年，紀念美國總統華盛頓就職100週年。

MAP P.279/G3

重點逛街區
Bleecker St

Bleecker街橫跨村子，整條街上都是各種不同類型的小店及餐廳，有傳統義式雜貨店、營業到午夜的義大利甜點店、永遠大排長龍的杯子蛋糕Magnolia Bakery（見P.70）、古董精品店、保養品店，知名設計師Marc Jacob，也在這插一腳開了間書局。

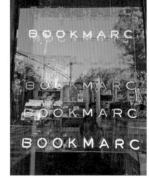

這些與Bleecker St垂直如棋盤狀的街道，隨便選一條從Bleecker St轉進去，都是村子的豪宅區。村子的豪宅與上西城、上東城比起來平易近人的多，沒有虎視耽耽的門房，也沒有高聳的圍牆，偶爾還可以從微掀的窗簾偷窺到豪宅的陳設。對了，莎拉潔西卡帕克（Sarah Jessica Parker）與夫婿馬修布羅德瑞克（Mathew Broderick）的超豪宅（Megamansion）在West 11街，Bleecker與West 4街之間，是兩棟連棟屋（townhouse）的雙拼，成交價3,450萬美元。

[紐約的小縮影]

Midtown
中城區

23街以北、59街以南、1大道與12大道之間,以
第5大道一分為二,以東為東邊,以西為西邊。

中城在19世紀中期到末期,是紐約最時尚的住宅區。如今,當年的豪宅都變成了高檔精品服飾的旗艦店或是貴婦百貨公司。此外,中城也是紐約媒體(等於就是美國媒體)的重鎮,美國國家廣播公司(NBC)、哥倫比亞廣播公司(CBS)、紐約時報等總部都在此。

麥迪遜大道(Madison Avenue)42街到57街則曾是各大廣告公司雲集之處,目前雖然不少公司已經遷出,但紐約人仍習慣用「麥迪遜大道」作為廣告業的代名詞,金球獎最佳電視劇《Mad Men》一般譯為《廣告狂人》,就是以60年代的紐約廣告業為背景的出色影集。

　此外，34街梅西百貨周邊的先驅廣場（Herald Square）是連鎖服飾店的一級戰區，Banana Republic、Victoria's Secret、UNIQLO、GAP等全員到齊；而到了30街至25街Broadway大道，沿線是飾品、香水、手錶、衣服的批發區，類似台北的後車站加上五分埔，雖然多數只限批發商批貨，部分也開放零售，貨色齊全，而且依然是批發價喔！

中城區 紐約客觀點

Fernando Ortiz
——劇作家

Q：在中城住多久？

A：24年，生長於上西城。

Q：爲何選擇中城？

A：運氣好，找到離第五大道不遠、租金便宜的「Rent StabilizedJ老公寓」(作者註：Rent Stabilized是紐約市為了保障房客的一種制度，租金的調漲幅度有一定的限制，通常保障住得久的房客)。

Q：如何描述中城？

A：對很多人而言，中城就是紐約，因為這兒有第五大道、時報廣場、中央公園、卡內基廳等，可說是遊客最密集的區域，而且景點之間都在步行範圍內。第六大道上則是各大公司的企業總部，摩天大樓林立，正因如此，這兒的消費也都是天價，餐廳、商店的價格都極致地發揮了資本主義。不過這兒的交通四通八達，地鐵、巴士都十分方便，到曼哈頓任何地方都在半小時以內，這是我最滿意的一點。

Q：中城有無任何缺點？

A：隨著店鋪租金高漲，不僅價廉物美的小店都無法存活，連原本第五大道上的購物殿堂Henri Bendel及百年百貨公司Lord & Taylor都黯然歇業。

Q：推薦遊客去哪裡？

A：這幾年美食街興起，連五星級廣場飯店(Plaza Hotel)都有了地下美食街，裝潢高檔、選擇多樣，也有受亞洲人歡迎的Lady M。想一嘗美式快餐(Diner)的話，位於9大道46街的Galaxy Diner是歷史悠久的老店，美式分量、價格合理。如果只想簡單吃，位於57街6、7大道間的Morton

Williams超市有熟食也有座位。特別提醒，因為熟食吧秤重計價，單價1磅(半公斤)10元，看似便宜，如果裝了炒麵、炒飯再加上菜，一不小心就會秤到25～45元，非常不划算，建議買有標價的熟食(註：Morton Williams超市遍布曼哈頓，中城尤其密集，幾乎都有熟食)。位於5大道46街的「5th Avenue Dollar & Discount」很像擴張版的台北「勝立生活百貨」，我小時候中城很多這類的店，但存活到現在不可思議。隔一條街(5大道44街與45街之間)有一間位於地下室的「Five Below」，顧名思義所有東西都是5元以下，零食、雜貨等選擇多樣，空間明亮寬敞。

Q：給遊客的建議？

A：避免與時報廣場上的玩偶人物合照，他們會搭訕說合照5元，一旦答應，數個玩偶瞬間湧上，每個都要打賞5元。向路邊的熱狗攤或是椒鹽捲餅買東西，請選有價目表的推車，如果沒有價目表即便先問價錢，不肖攤販還是會以口音判斷敲詐，30元的熱狗加飲料是代價。

Hudson Yards
哈德遜園區 MAP P.276／A2

曼哈頓中城西邊，30街以北、43街以南、西邊快速道路
(Westside Highway)以東、8大道以西。

原本是長島鐵路(Long Island Railroad)的停車坪，開發計畫歷經洋基球場、紐約申奧體育場、美式足球噴射機隊球場等；在申奧失敗後，2005年紐約市議會將此60個街區大的區域都更為住、商、辦混合區域，也因如此，才有了現在的住辦大樓、商場、公共藝術、綠地空間，加上7號地鐵延伸至此，出站就是新蹓躂去處，也無怪當初力挺紐約申奧的市長彭博(Micheal Bloomberg)說，失去體育場對紐約而言反倒是祝福。

　　2012年12月動土的園區，預計2024年完工，目前開放的是第一期，時代華納（Time Warner）的總部已搬遷至此，而10 Hudson Yards的商場也已開幕，名牌百貨公司Neimum Marcus在這兒開了紐約第一家店，台灣人喜歡的Coach、UNIQLO跟MUJI也都進駐了，可能是新開張不久，週五晚上的商場超空曠，倒是標榜西班牙市場原汁原味的Mercado Little Spain，酒酣耳熱，都是上班族下班來社交。

　　園區目前最吸睛的是耗資2億美元、暫名為《容器》（Vessel）的公共藝術地標，由英國設計師Thomas Alexander Heatherwick以蜂窩為藍本設計，基本上就是不斷的爬樓梯（雖然也有電梯，但僅供殘障人士使用），在不同高度的觀景台停留，遠眺哈德遜河及觀望隨時流動的人潮；老實說，走到頂層16層樓高的開放空間往下看，的確令人膽顫心驚，深怕手一滑拍照的手機就萬劫不復了。

[平民起家的皇室尊榮]

Upper East Side
上東城

東59街到東96街

曼哈頓的貴氣與顯赫，不在中城也不在上西城，而在上東城發揮到淋漓盡致，「我有錢故我存在」的態度已經不是一種高傲，而化為舉手投足間的一種優雅。

真正上流社會隱藏不住的氣勢

從上東城的起點廣場飯店（The Plaza）就可以領略到這種平民皇室的尊榮，往時尚旗艦麥迪遜大道（Madison Ave）一路前行，相較於第五大道，這兒的店多了一種懾人的氣勢，古典豪宅改建的Ralph Lauren；將野獸派風格融入時尚的Celine、Kate Spade的全線產品；比利時巧克力Neuhause在此也有旗艦店。連穿插其中的非重量級名店，都以一種接近孤芳自賞的姿態，等待懂得欣賞的顧客。

與麥迪遜大道只有一街之隔的公園大道（Park Ave），展現截然不同的風情。寬

廣的4線道以美麗的行道花相隔，高聳的公寓占據了公園大道兩側。友人曾是富豪之妻的個人助理，趁著主人度假時，邀我隨她拜訪公園大道的豪宅，見識到溫濕度控制的皮草衣櫃、walk-in鞋櫃裡，整齊堆積如樂高的鞋盒已經令我「哇、哇」連連，友人說「這不過是他們週間為了上班、上學方便的公寓，週末都會回漢普頓（Hampton），那裡才是真豪宅。」

博物館哩（Museum Mile）將上東城的華麗冒險帶到最高潮，這些在19世紀由百萬富翁所建造的豪宅，讓5大道的72街到103街贏得「百萬富翁大道」（Millionaire Row）的名號。現在由於不少豪宅開放為博物館（Jewish Museum、Cooper Hewitt National Design Museum，見P.24），才得以藉欣賞藝術品之名，做豪門美夢之實。

不過，當年「百萬富翁大道」的地位，現在已被NY10022所取代。此話怎說？原

來，NY10022為郵遞區號，範圍從東49街到東59街、5大道以東到東河間，這個街區內不過住了3萬出頭居民，但他們在2018年的政治獻金名列前茅，總額高達1億美元，是一般區域的935倍，展現出金窟的實力。洛克菲勒家族在此擁有大片地產，不藏私地捐出給聯合國體系下的機構及其他慈善組織，也為其他富裕人家樹立了回饋社會的典範。

　　來逛上東城最大的煩惱是，這兒幾乎很難找到價廉物美的餐廳。如果逛完博物館已經精疲力竭，想祭祭五臟廟，又無法屈就大都會博物館前熱狗攤的話，往86街與Lexington大道移動，那兒有Shake Shack漢堡及Fairway超市，讓這趟知性之旅畫下飽足的句點。

[明星與導演愛住這兒、愛拍這兒]

Upper West Side
上西城

59街到110街、Central Park West到Riverside Drive

從《電子情書》到《慾望城市》，上西城一直是紐約眾多區域裡面最受青睞的拍攝場景，尤其是最熱鬧的Broadway大道。此區建築多屬於巨型住宅大樓，門面上無不極盡精雕細琢之能事；此外，中央公園西大道（Central Park West，CPW）由於可俯瞰中央公園，更是曼哈頓最尊貴的地址之一。如曾經住過約翰藍儂的The Dakota（72街與Central Park West轉角）、造型典雅，仿中世紀的雙塔建築San Remo（145 CPW，74th到75th街間），達斯汀霍夫曼、保羅賽門、戴安基頓等都曾是或是現任的居民，另一個尊貴的地址是The Beresford（211 CPW），屋頂的尖塔還巧妙地藏住了水塔，成為造型的一部分。

The Dakota
 P.272／C5

San Remo
 P.272／C5

上西城的發展是在1853年中央公園完成後才開始。在幾十年前上西城的居民組成還是猶太人、古巴、多明尼加等各族裔混合，展現波西米亞風情；隨著租金往上攀升，現已成為中產階級，尤其是小家庭的最愛。週末到上西城，娃娃車占據了大半個街道，而哥倫布大道（Columbus Ave）從72街開始，短短的10條街內就有7家設計師童裝、玩具，甚至有讓小孩子坐下來看電視，順便剪頭髮的店呢！

上西城的終點110街以上，是哥倫比亞大學的本部，也是曼哈頓唯一有校園的大學，附近發展成大學城的商圈也有不少好吃、好逛又經濟的小店。

上西城 紐約客觀點

Anne Bogen
——護士

Q：在上西城住多久？

A：21年。

Q：爲何選擇上西城？

A：因為離中城、下城都不遠，但偏向住宅區，加上位於兩個很棒的公園之間(中央公園與河畔公園)，美國自然歷史博物館及大都會博物館都在步行範圍內，交通也很方便。

Q：如何描述上西城？

A：友善有社區感、不時尚、安靜但是也有很棒的餐廳及夜生活，有很多小孩跟狗。

Q：上西城有無任何缺點？

A：除了連鎖店外，沒有什麼可以坐下來聊天的咖啡店，很多本地小店都被連鎖店跟銀行取代。

Q：推薦遊客去哪裡？

A：中央公園是市區公園的傑作，來自全世界的人來這裡享受戶外活動。你可以來這裡騎車、湖中划船、蓄水池跑步、大草坪野餐、花園聞花香、動物園看海獅、企鵝、參加賞鳥之旅。　(我想書裡有中央公園的篇幅，但這是我住在上西城最大的福氣！)自然歷史博物館對大人、小孩都像是魔法，寓教於樂，我在裡面待過無數小時；大都會博物館雖然在東邊，但是我總覺得它是上西城的一部分；河畔公園有哈德遜河景色，跑者與娃娃車滿載；林肯中心有很酷的噴泉以及世界級的表演；河畔大道(Riverside Drive)有安靜的林蔭大道及氣宇不凡的公寓大樓，但是兩條街之外的Broadway就很熱鬧，餐廳、小店林立；**Fairway超市**的本店是上西城死忠住民常去的，選擇眾多、價格實在且產品新鮮，因為生意好所以翻轉率高，如果想體驗紐約的購物人潮經驗必來此；**Zabar's**除了燻鮭魚、起司有名，幾乎什麼都有；位於Broadway與82街口的大型書店**Barnes & Noble's**在紐約幾乎絕跡了；**Kouzan Restaurant**是永遠生意很好的壽司餐廳。

上西城店家推薦

Fairway超市
- ✉ 2131 Broadway (74th St路口)
- ☎ (212)595-1888
- MAP P.272／B5

Zabar's
- ✉ 2245 Broadway (80th St路口)
- ☎ (212)787-2000
- MAP P.272／A3

Barnes & Noble's
- ✉ 2289 Broadway (82nd St路口)
- ☎ (212)362-8835
- MAP P.272／A3

Kouzan Restaurant
- ✉ 685 Amsterdam Ave (93rd St路口)
- ☎ (212)280-8099
- MAP P.270／B6

［紐約最「黑」的區域］

Harlem 哈林區

Central Park North以北、5大道以西到百老匯大道，以125街為主要街道。

哈林區是全美、甚至全世界最有名的非裔美籍（African American）族群的社區，1919～1929年的哈林文藝復興（Harlem Renaissance）是哈林區的黃金時期，著名的爵士俱樂部如「棉花俱樂部」（Cotton Club）、「阿波羅劇院」（Apollo Theater）夜夜笙歌；隨著美國經濟大衰退，哈林區也一蹶不振，一直到1960年代馬丁路德·金恩博士（Martin Luther King Jr.）帶領黑人發起平權運動，哈林區再度引人矚目；而1980年代之後，嘻哈文化從南布朗士開始延燒，黑旋風席捲了全世界，從此不分黑的、白的、黃的，只要會Rap的就是好歌手。

歷經治安、毒品、暴力等問題的哈林區，讓遊客，甚至紐約客都敬而遠之，但隨著大型連鎖店進入、美國前總統柯林頓的辦公室設於此，遊客開始一車車地進入哈林區，聽教堂福音歌曲、吃靈魂食物（Soul Food，一種傳統的黑人料理，以油炸為主，Sylvia's賣的最有名，週日的Brunch還有現場福音演唱），而紐約客也驚覺到原來哈林區有如此漂亮的棕石屋、街道兩旁還濃蔭遮天，價格也節節攀升。

如果只是想吃個簡餐，Jacob's Restaurant的自助餐式靈魂食物及沙拉吧是另一選擇，因為所有的食物都在面前，色香味俱全，想吃多少夾多少，我夾滿了燉蔬菜、黑豆飯、還配上了馬鈴薯，也才7元，難怪生意興隆。

想要體驗正統福音，創立於1808年的阿比西尼浸信會教堂（Abyssinian Baptist Church）是美國最古老的非裔美人教堂之一，每週日11:30的主日崇拜開放給遊客進場，因為頗受歡迎，需提早排隊等候，2個半小時的聚會建議全程參加，禁止穿著袒胸露背、短褲、拖鞋。First Corinthian Baptist Church知名度雖然沒有前者高，週日08:00及10:45的福音崇拜是避免人潮的選擇。運氣好的話，漫步哈林街頭也會碰上福音合唱團直接走上街頭引吭高歌，上達天聽。

Sylvia's
✉ 328 Malcolm X Blvd
(126th St與127th St間)
☎ (212)996-0660

Jacob's Restaurant
✉ 373 Malcolm X Blvd
(129th St路口)
☎ (212)866-3663

**阿比西尼浸信會教堂
Abyssinian Baptist Church**
✉ 132 W 138th St
(Odell Clark Pl路口)

First Corinthian Baptist Church
✉ 1912 Adam Clayton Powell Jr, Blvd
(116th St路口)
MAP P.270 / D1

Night Life

The City That Never Sleeps

New York

夜|生|活|紐|約

「永不沉睡的城市」（The City That Never Sleeps）一詞來自於法蘭克辛納屈（Frank Sinatra）經典歌曲——〈紐約、紐約〉，歌詞裡唱道「我想要在永不沉睡的城市醒來，發現我是第一名，高居名單上……」（I want to wake up in a city that never sleeps, and find I am a number one, top of the list......）。的確，紐約雖然少有24小時的便利商店，但是有24小時的藥妝店、地鐵、渡輪、巴士、Diner等，時報廣場的高瓦數霓虹燈整夜閃爍，永不沉睡的不夜城不就是這麼一回事？

夜幕低垂、華燈初上，夜生活從太陽西沉的片刻就緩緩開展，高緯度的紐約多夜降臨得特別早，不過下午四點多天色已暗，夏夜則完全顛倒，一直到晚上九點多才落日餘暉；不管夜晚來得早還是晚，日夜交替、月上眉梢的時段對我有種難以言喻的魅力，行走繁華街區，看著城市的路燈、大樓的窗戶逐一亮起，白天的喧囂、燥動漸漸沉澱，取而代之的是在夜幕中舞動的五光十色，同樣的景致，華麗轉身後粉墨登場，展現截然不同的風情。

結束了一天繁忙的工作，很多上班族會以「歡樂時光」（Happy

Hour）來抒壓，通常是16:00～19:00，酒吧或餐廳的酒精飲料有減價折扣，所以中城、下城這些辦公大樓密集區的，酒吧都擠滿了西裝、套裝的上班族。這些年「屋頂酒吧」（Roof Top Bar）風行，除了密密麻麻的調酒、紅、白酒、啤酒甚至清酒酒單外，食物也不是只有輕食下酒菜，而是吃好、吃飽的正餐。當然，屋頂酒吧的最大賣點還是景觀，看著帝國大廈在一旁放光芒，正是艾利西亞凱絲（Alicia Keys）〈帝國之心〉（Empire State of Mind）所唱的，「在紐約，水泥叢林中築夢，這裡沒有你不能做的事，現在你人在紐約，這些街道讓你感到煥然一新，巨大燈光給你靈感，讓我們來聽紐約、紐約、紐約」

In New York
Concrete jungle where dreams are made of,
There's nothin' you can't do
Now you're in New York
These streets will make you feel brand new
Big lights will inspire you
Let's hear it for New York, New York, New York

由於我對酒精過敏所以沒有酒量，加上我出入秀場次數近年來屈指可數，因此邀請了此方面的達人掏出他們的口袋名單。「精釀啤酒」是紐約近幾年來最in的「飲酒作樂」文化，日、夜皆宜，特別感謝很會寫也很會拍的NYDeTour版主Deco友情協力，所有「精釀啤酒」單元的文、圖都由他操刀，這是讀者你們的福氣啊！

5

家精釀啤酒廠

拜紐約有上等好水，以及政府以稅賦優惠鼓勵使用在地農作物來釀酒之賜，紐約市裡有超過40家微釀啤酒廠（Microbrewery）。這些啤酒廠多設於皇后區和布魯克林區，除了生產精釀啤酒外，業者會打造一個友善的空間，讓啤酒愛好者可以直接品嘗最新鮮可口的精釀啤酒，有些釀酒廠也會提供專人導覽參觀活動。如果你是精釀啤酒愛好者，來紐約別錯過這5家微釀啤酒廠。

Big aLICe Brewing

位於皇后區長島市接近Queensboro Bridge橋下的Big aLICe Brewing，從2011年便在一些節慶或是當地酒吧銷售他們家的精釀啤酒。早期Big aLICe以高酒精濃度和多種實驗性創意口味的啤酒，在紐約精釀啤酒迷中有頗高的評價。現在他們也精釀酒精濃度較低、接受度較廣的啤酒，同時也在啤酒廠裡設立了一個試飲室。坐在不鏽鋼發酵槽旁，空氣中散發著啤酒花香的空間啜飲精釀啤酒，是一種很獨特的紐約經驗。

 推薦啤酒 Jalapeño Rye
Plum Blueberry Sour

Kings County Brewers Collective

位於hipster（文青，解釋請見威廉斯堡篇，P.144）聚集的布魯克林布什維克（Bushwick）。由名字中Brewers Collective可知這間精釀啤酒廠是由幾位很有經驗的釀酒師共同創立經營。這裡所有的啤酒酒精濃度都在3～8%之間，非常好入喉，酒單上每種啤酒都會特別註明是哪一位釀酒師所貢獻的釀造方式和食材。試飲室的空間非常明亮舒適，也有提供桌遊供酒客們娛樂。當然來這裡也不要錯過同條街上精采的大型街頭藝術。

推薦啤酒 Superhero Sidekicks
Fruitbot 3000

Mikkeller Brewing NYC

　　來自丹麥的Mikkeller精釀啤酒在台灣頗受歡迎，於2018年在紐約大都會棒球隊主場Citi Field，成立了他們在紐約的第一家精釀啤酒廠。Mikkeller的啤酒以花俏著稱，勇於嘗試用各種不同元素釀製啤酒，他們有許多花果香味的啤酒，夏天喝尤其暢快！寬廣的試飲室有近60種精釀啤酒可以選，完全滿足精釀啤酒愛好者的需求。

推薦啤酒 MKNYC Henry Heater
MKSD Fruit Face Cranberry

Bridge and Tunnel Brewery

　　如果是硬蕊的精釀啤酒愛好者，在皇后區與布魯克林交接的Bridge and Tunnel Brewery，是一間可以增加精釀啤酒知識的好地方。老板Rich Castagna從自釀啤酒起家，到現在釀酒廠隨時都有15～16種新鮮啤酒，都是由他親手精釀的。除了所有啤酒都是一品脫5元的佛心價格，老闆也非常樂意和顧客討論交流精釀啤酒相關技術。

推薦啤酒 Newtown Creek Oyster Stout
「Lobstah」Lobster Saison

Coney Island Brewing Company

　　康尼島海灘是紐約客夏日避暑勝地，2014年Coney Island Brewing Company在這裡成立之後，讓紐約客更有來這裡的理由。最早他們是以招牌啤酒Mermaid Pilsner走紅於紐約的酒吧，後來釀酒廠也投入特殊風味的精釀啤酒生產行列，隨時

都有6、7種精釀啤酒讓顧客選擇。如果不太喜歡啤酒花苦味的人，也可以試試他們家的Hard Root Beer，5.8%的酒精濃度喝起來就像喝一般露啤一樣順口甘甜。

推薦啤酒 Overpass IPA
Hard Root Beer

5處音樂表演場地

我瑜伽課的同學Tracy，記得她上完課後還會邊走跑步機邊翻《浮華世界》(Vanity Fair)雜誌，除了聊過跑步外沒什麼機會多聊，是從她臉書上看到她幾乎每天晚上都會貼出所看的表演，才發現她是資深音樂製作人，在卡內基廳工作，所以請她推薦紐約的音樂表演場地再專業不過。Tracy推薦的場地裡包含了Jazz Vanguard、無線電音樂城、Beacon Theatre、King's Theatre、Bowrey Ballroom、City Winery，以及她說如果不推薦就太機車的卡內基廳，其中Jazz Vanguard已在爵士紐約單元介紹（見P.108），卡內基廳則在表演單元（見P.218），以下是其他的推薦。

Bowrey Ballroom

這是Tracy心頭好，原址是製鞋工廠，不管在音效、管理上都首屈一指，工作人員也都是老鳥。採自由入場的站票方式，有1樓及2樓，票價除了少數紅牌演出，都在20元上下，而且幾乎每天晚上都有演出。

Beacon Theatre

位於上西城，經過修復後讓昔日風華再現，不管是內裝、雕塑、布幕等裝潢充滿貴氣，音效、視野都在水準之上，演出卡司以知名藝人、團體為主，如The Who、Jerry Seinfield等，所以票價也在百元以上。

無線電音樂城 Radio City Hall

比Beacon Theater更大、更華麗，只要不是在最高樓層，還是可以感受到空間的親暱感。從1933年起，每年年底由眾「長腿火箭女郎」(The Rockettes)演出的紐約經典《聖誕奇觀秀》(Christmas Spectacular)都在此演出。平常也有導覽，就算不看秀只看導覽也值得。

耗資9千5百萬資金的修復，國王戲院一如其名，有著國王的架勢，仿巴黎歌劇院及凡爾賽宮的金碧輝煌、極致貴氣，還有古董風琴的展示，雖然位於較為偏遠的布魯克林，仍然值得朝聖，也可參加導覽。

喜歡一邊用餐小酌，一邊欣賞音樂演出的人，「城市酒莊」會是你的選擇，因為場地不算大，所以演出的類型也不會太「吵」，以民謠、鄉村等曲風為主。

圖片提供／Kings Theatre

圖片提供／City Winery

精釀啤酒廠、音樂表演場地推薦

Big aLICe Brewing
- ✉ 808 43rd Rd,Long Island City
- ➡ 搭地鐵F至21st St-Queens-bridge

Kings County Brewers Collective(KCBC)
- ✉ 381 Troutman St, Brooklyn (Wyckoff Ave與Irving Ave間)
- ➡ 搭地鐵L至Jefferson St

55 Mikkeller Brewing NYC
- ✉ 123-01 Roosevelt Avenue, Flushing
- ➡ 搭地鐵7到Mets-Willets Point

Bridge and Tunnel Brewery
- ✉ 15-35 Decatur St, Ridgwood (Wyckoff Ave路口)
- ➡ 搭地鐵L到Halsey St

Coney Island Brewing Company
- ✉ 1904 Surf Ave,Brooklyn (19th St與20th St間)
- ➡ 搭地鐵D、F、N、Q至Coney Island- Stillwell Ave

Bowrey Ballroom
- ✉ 6 Delancey St (Kenmare St 與Bowery St間)
- ➡ 搭地鐵J、Z到Bowery St
- http www.mercuryeastpresents.com/boweryballroom
- MAP P.283／F1

Beacon Theatre
- ✉ 2124 Broadway (75th St與74th St間)
- ➡ 搭地鐵1到77街
- http www.msg.com/beacon-theatre
- MAP P.272／B5

無線電音樂城 Radio City Hall
- ✉ 1260 6th Ave (50th St與51st St間)
- ➡ 搭地鐵B、D、F、M到47-50 St Rockfeller Center
- http www.msg.com/radio-city-music-hall
- MAP P.275／E4

國王劇院 Kings Theatre
- ✉ 1027 Flatbush Ave (Regent Pl及Duryea Pl間)
- ➡ 搭地鐵Q到Beverley Rd
- http kingstheatre.com

城市酒莊 City Winery
- ✉ 155 Varick St (Spring St與Vandam St間)
- ➡ 搭地鐵C、E到Spring St
- http www.citywinery.com
- MAP P.282／A1

NY A-Z

Outdoor
New York

戶|外|紐|約

在紐約住得越久，越能感受到紐約都市規畫的遠見。除了原本就是以植物爲主角的布魯克林植物園、大到誇張的中央公園、提供上班族休憩的布萊恩公園外，位於交通要衝的聯合廣場也爲行色匆匆的旅人提供歇腳、遛狗玩耍的空間。但是更令我讚賞的，還是穿插在街角的不知名綠地、幾張長椅，或是小朋友的遊樂區，人與自然的關係，永遠是如此親暱。

中央公園
C e n t r a l   P a r k
曼 哈 頓 島 上 的 綠 色 瑰 寶

◆

一個把上班當副業、旅行當正業的廣告界友人，住遊了許多城市，往返於倫敦海德公園、東京新宿御苑、巴黎楓丹白露等城市後花園，有感而發地說還是紐約的中央公園最令他流連忘返，來來回回進出不下數十次，依然有新的區域留待他探尋，無論在什麼季節來都有令人驚豔的景致。我曾經問過一個土生土長的紐約客有沒有去過黃石公園，他面露不解地說：「我們有中央公園啊！」天啊！鬼斧神工的黃石公園在紐約客的眼中竟然比不上這人造的公園。

究竟中央公園的魅力何在？對於通常只將中央公園列為半日遊行程的遊客也許很難全盤體會，不過也別絕望得太早，占地843英畝的中央公園如果行程規畫得宜，同時搭配交通工具，逛完中央公園的特色景點也不是不可能的任務了。

在你展開行程前，先對中央公園的古往今來及地理特色有個簡單的認識。

在上流社會及媒體的鼓吹下，1857年紐約市府公開競圖，徵求中央公園的設計案，在33件設計圖中，Federick Law Olmsted及Calvert Vaux的「草皮計畫」（Greensward Plan）脫穎而出，中央公園成為全美第一個公共公園。

中央公園的建造歷時20年，由於當年機械還不發達，公園的基地又是一片荒蕪的沼澤區，無法種樹，於是他們先用「馬力」將廢土運出去，再用馬車一車一車地從紐澤西運表層土及樹苗，造地、造林，同時開挖了4個人工蓄水池，供應當時大紐約區的飲水。

設計

「草皮計畫」的最大特色，是將整個中央公園竭盡所能的自然化、貫徹「自然先行」的概念，於是整個公園「The Mall」延伸到畢士大廣場（Bethesda Terrace），有較為人工化的雕琢及平坦筆直的道路，當時的上流社會可搭馬車長驅直入，來此交際應酬，其他的步道都是蜿蜒曲折，每一個轉折都是一處風景。此外，公園內4個主要的橫貫線聯外道路，也盡量採取低於公園水平面的設計，讓偌大的公園既不會阻隔城市的交通動脈，又可保有一片「靜土」。

分區

　　由於中央公園是狹長形，南北約4公里、東西約800公尺，所以想要在有限的時間內瞻仰各景點，唯一的方式就是分區遊覽，並搭配地鐵或是公車，節省時間及體力。如果只想悠閒地在公園漫步，能看多少算多少的話，其實任何一個景點，就算是一尊雕像、一座拱橋，也蘊藏著點點滴滴的故事呢！

　　中央公園可分為4大區塊，分別為59街～72街的「南端」（South End）、72街～86街的「大草坪」（Great Lawn）、86街～97街的「蓄水池」（The Reservoir）、以及97街～110街的「北端」（North End）。簡單來說，「南端」及「大草坪」地形比較平坦，「北端」則是高低起伏的丘陵地形，景觀比較原始。

中央公園交通資訊

- **南端**：搭地鐵N、R、W至59th St，或A、C、B、D、1至59th St-Columbus Circle。如想直接到「草莓園」可以搭B、C到72nd St，從西72街的入口進去
- **大草坪**：搭地鐵B、C至81街(西邊)，或4、5、6至86街(東邊)
- **北端**：搭地鐵6至103th St(往西走2條街，到花園入口)，或2、3至110th St (北森林入口)
- 搭**M10**巴士沿著Central Park West行駛，是除了地鐵外最方便的選擇

此區塊爲一般人最熟悉的中央公園。記得我剛來紐約時，每次從59街與第五大道的Grand Army Plaza入口進入，看到了水池、動物園、溜冰場，連「The Mall」都還沒走到就覺得逛得差不多了，因爲那已經是我走完大安森林公園的範圍。水池邊被曼哈頓摩天大樓包圍的Woolman Rink，冬季每天可吸引4,000多名滑冰愛好者，夏天變身爲遊樂場。繼續往前走，融合了歌德鄉村教堂及瑞士小木屋風格的「酪農屋」(Dairy)，在19世紀中時，是名符其實的牛乳供應站，當時紐約人口最集中的下城正遭遇一場霍亂，而「Dairy」所產的牛乳新鮮且未遭污染，成爲許多孩子的一線生機。現在「Dairy」成了遊客中心及紀念品店，遊客在此可索取地圖及選購各式紀念品。

Dairy遊客中心

✉ 公園內65th～66th St
📞 (212)794-6563
🕐 夏天(國殤節5月最後一
個週一到勞工節9月第
一個週一)09：00～
19：30；秋天、冬天、春
天09：00～17：00
🚫 感恩節、聖誕節、新年
MAP P.275／E1

漫步在充滿文藝氣息的文學步道

由於「南端」是當時從下城長途跋涉而來的家庭所到的第一站，建築師Olmsted及Vaux將此規畫爲「兒童區」(Children's Place)，最早用騾子拉的「旋轉木馬」(Carousel)，及小巧到在門口就可以看到海豹在曬太陽的「兒童動物園」(Children's Zoo)都在附近。一直到1930年代都還有綿羊放牧的「綿羊草坪」(Sheep Meadow)成爲日光浴的大本營，而當時牧羊人居住的房舍成爲高檔的「Tavern on the Green」餐廳。與「Sheep Meadow」

平行的「The Mall」及「文學步道」（Literature Walk），堪稱中央公園內最具文藝氣息的段落，兩旁種植150棵的「美國榆樹」（American Elm）成為「The Mall」的天然庇蔭，也是全美榆樹在遭受病變後，碩果僅存的最大群集。

「The Mall」南邊的文學步道，是因應各方要求在中央公園置入雕像，但擔心會破壞自然景觀而規畫出統一收納的段落，「站崗」雕像包括莎士比亞、詩人Robert Burns及貝多芬、哥倫布等。順著「The Mall」林蔭步道一路前行，映入眼簾的是階梯式的畢士大廣場及噴水池。由於此處當初的設計就是提供上流社會在此交際應酬，凸出的觀景台滿足人們看人以及被看的樂趣。值得一提的是，噴水池中的天使雕像，完成於1873年，是紐約第一件由女性藝術家完成的公共藝術，她之所以採天使作為雕像主題，是取材自聖經約翰福音中的「耶路撒冷畢士大泉水可以治癒疾病」，而天使就是拯救的力量，手持的蓮花是純淨的象徵，而4個小天使則代表了和平、健康、純淨及自制。

順著水邊往噴泉的西邊走，會經過連結「Cherry Hill」及「The Ramble」的「Bow Bridge」，以其形狀像拉琴或射箭的弓而命名的弓橋，是中央公園的第一座鑄鐵橋，雖然短短不到一個街區的長度，其優雅的造型映襯水中倒影是園中最吸睛的橋。當初建築師希望人們能利用周邊步道漫步於景觀自然的「The Ramble」區（Ramble就是漫步、漫遊的意思），但是委員會則想要一座吊橋，折衷的結果就是低調的弓橋。

到接近西72街的出口，就是紀念披頭四（Beatles）主唱約翰藍儂（John Lennon）的「草莓園」（Strawberr Fields，取自Strawberry Fields Forever），上面有藍儂著名歌曲〈IMAGINE〉的黑白馬賽克，則是來自義大利拿波里的禮物，一年四季，歌迷都會在此憑弔1980年被瘋狂歌迷槍殺的約翰藍儂，馬賽克上總有著鮮花、CD或是照片。

從西72街的出口，搭地鐵B、C到81街站，是前往大草坪最快的方式。在夏夜晚風裡，來大草坪聽音樂會，幾乎已成為紐約人的夏日儀式。「大草坪」的前身其實是蓄水池，1931年市政府搬來建造洛克菲勒中心的石頭，填平蓄水池，才有了今天13英畝的大草坪，也是紐約市最大的戶外活動場地。保羅賽門、帕華洛帝的演唱會、達賴喇嘛的演講都曾吸引了數十萬的人潮到此，不過現在已經有5萬名聽眾的人數限制。

在大草坪南端的「Delacorte Theater」是「莎士比亞在公園」(Shakespeare in the Park)的家，入口處有著《羅密歐與茱麗葉》及《馴悍記》的雕像。往東一路走到79街的出口，就離大都會博物館不遠了，不少人會結合大都會及中央公園為一日遊，可別到此就結束行程，往上繼續到東84街入口，「蓄水池」就快到了。(見跑步紐約P.222)

central park
central park
central park

中央公園「北端」

從6號地鐵站103街往西走,沿路都是國宅區,景觀有些荒涼,一到第五大道105街,眼前豁然開朗,華麗的鑄鐵大門引領你進入義大利花園、法式庭園及英式庭園體驗3種截然不同的風情外,2萬朵鬱金香與蓮花、2千株韓國菊花,在春、夏、秋季交替演出,是紐約最不為人知的祕密花園。

至於中央公園的北森林(North Woods),如果不是有識途老馬帶路,我想我可能一輩子也不會知道曼哈頓島上有如此原始的景觀。這兒已不見曼哈頓的天際線、只有峭壁跟森林,穿越於溪谷、石橋、碉堡、林間小徑間,簡直就是大隱於市,走在這兒讓我聯想起陽明山的步道,不同的是,這兒搭地鐵就可以到。

夏日戶外演出
SUMMER OUTDOOR PERFORMANCES

莎士比亞在公園

從1962年開始，每年的6～8月，「Delaorte Theater」開演至今，每年都會上演兩齣莎士比亞的戲（通常是一齣喜劇、一齣戲劇），最大噱頭是會有「神祕嘉賓」加入，丹佐華盛頓、凱文克萊、蜜雪兒菲佛都曾參與演出。由於太熱門了，每天12:00在劇場門口發票，七早八早就有人開始排隊。另一個抽票的地點是「The Public Theater」（425 Lafayette St），11:00到場登記，12:00會抽出幸運兒。也可以下載「Today Tix」APP抽票，每天從00:00～12:00登記當天的票，抽中者會在14:15前收到通知，憑通知在17:00～19:30到劇場換票，所有的票都是一人限2張。

擔心聽不懂莎翁劇的英文版而卻步嗎？其實這個戶外的環形劇場，光是坐在裡面看戲，就有種坐井觀天的情趣，還有Belvedere Castle城堡為背景，就算台上的《仲夏夜之夢》有聽沒懂，在沁涼如水的夏夜裡，就自編自導一齣吧！

大都會歌劇・紐約愛樂

不需門票加上音響效果好，甚至不一定需要早早來占位置，就可以享受到一級的演出。紐約客幾乎都變成了野餐專家，有表演的晚上，紅酒、起司、水果拼盤、蠟燭、野餐布已是必備的行頭，有的甚至連小餐桌、折疊椅都出動了，在燭光、螢火、星光的映襯下，波瀾壯闊的交響樂聲響起，在最後的絢爛煙火助興下結束。

[http] 大都會歌劇 www.metopera.org
[http] 紐約愛樂 www.nyphil.org/parks

聯合廣場
Union Square
愛與和平的廣場

這裡平常是滑板族、街舞小子的天堂，他們藝高人膽大的演出，總是吸引了一大圈圍觀群眾。這裡也可以變得很嬉皮、很政治，例如「911」之後，這兒持續了很長一段時間的燭光悼念會，詩人、歌手輪番上陣，表達追悼之意。這裡也是反戰遊行、基督團契傳福音、民主黨及共和黨兩派支持人馬的政治擂臺，不管意見表達再激烈，有甘地雕像在一旁守護，愛與和平的訴求永遠是聯合廣場的主題。

➡ 搭地鐵 N、R、W、4、5、6 至 14th St-Union Sq
🗺 P.277 / F6

貼心建議

■ 雖然從1980年代之後，在民間機構及政府的通力合作下，中央公園的治安已經大為整頓，但入夜之後，除了有戶外演出外，還是避免在公園逗留，而且晚上視線不好，容易迷路。

■ 靠雙腳走不完偌大的中央公園，但是如果騎單車繞公園一圈6英哩(9.6公里)環狀道路是可行的。中央公園附近有很多舉著「Bike Rental」的銷售員，他們會指引客人到附近的單車出租店，也可以直接從網路上預訂，1小時15元、2小時20元、3小時25元，24小時65元。如果時間充裕，3小時騎逛公園很剛好，如果想騎逛市區，24小時當然最划算。

🌐 www.centralparksightseeing.com/tours/central-park-bike-rentals

布萊恩公園
Bryant Park
慾望城市最愛的場景

◆

位於42街的布萊恩公園雖然面積並不大，但由於位處辦公大樓林立的中城，紐約大學城區部、美國銀行也位於此，加上公園內的露天餐廳、咖啡座林立，布萊恩公園可說是紐約上班族專屬午餐、下午茶、晚餐、社交、小憩的場所，7、8月的週一晚上還可以順便看場露天老電影再回家。在紐約100多個市立公園的評比中，布萊恩公園以滿分的姿態勇冠群倫，唯一傷腦筋的是鴿子太多、常出其不意地「大」到遊客頭上，關於這點還請多多包涵，因為在不殺生的原則下，公園管理單位已經試過很多方法，包括用假老鷹來嚇唬鴿子都不甚有效，所以別說我沒警告過你。

➡ 搭地鐵**7**、**B**、**D**、**F**、**M**至42nd St-Bryant Park
🗺 P.275 / E6

布魯克林植物園
Brooklyn Botanical Garden
四季風情畫

◆

4月賞櫻、5月賞牡丹、6月賞玫瑰、9月賞楓、冬天賞雪，一年四季的布魯克林植物園都是紐約人親近花草樹木的園地，尤其是其中的日本庭園，麻雀雖小五臟俱全，鳥居、垂柳、波光粼粼，頗有大和風情。來此可順便結合附近的布魯克林展望公園（Prospect Park）及布魯克林博物館規畫成一日遊。

➡ 搭地鐵2、3至Eastern Parkway-Brooklyn Museum

Performing Arts New York

表｜演｜紐｜約

音樂、舞蹈、藝術
來紐約培養氣質及文化素養

我的「嗑秀狂」朋友每年來紐約看表演已成為例行公事，每每聽他跟我報告今天又看了哪個下午場的百老匯秀，晚上還趕了齣Joyce Theater的舞蹈，明天還有大都會的歌劇《阿依達》等著他，連下禮拜韓國影展的票都先買好了，他唯一的煩惱是：紐約的表演實在太多了，就算節目經過嚴選、行程規畫再精密，也難免有遺珠之憾。「看多少、算多少吧！」是他竭盡所趕場後的結論。

[古典音樂、歌劇]

奉勸各位來紐約如果想要見識紐約的表演殿堂林肯中心，就算沒有要進去看表演，也推薦選在夜間時段來拍照打卡，因為2009年砸下400萬美金修繕的Josie Robertson Plaza廣場及Revson噴泉，夜幕低垂時廣場台階亮起各國文字的「歡迎」，而高達3公尺的水柱配上272顆LED燈舞動，看秀從這兒開始！

有一回去林肯中心的「David H. Koch Theater」觀賞市立歌劇團（City Opera）的《費加洛婚禮》，離開幕還有些空檔便在門口陪朋友抽煙，加長型轎車送來了燕尾服紳士與晚禮服貴婦，清新脫俗的知青情侶檔邊走邊親，要不是歌劇本身舞台華麗、演員唱作俱佳，台下差點就比台上還搶戲呢！

而這只是票價跟檔次比大都會歌劇略遜一籌的市立歌劇團演出，位於林肯中心正中央的大都會歌劇院（Metropolitan Opera House）每年10～5月上戲時的盛況，各位還是眼見為憑吧！值得一提的是，大都會歌劇以固守傳統正宗歌劇風格著名，反而是歐洲歌劇目前傾向以現代化的舞台來詮釋老祖宗的作品，至於市立歌劇團則大膽用起新人，風格也比大都會多元化。

大都會歌劇院
Metropolitan Opera House

- 30 Lincoln Center Plaza (62nd St與65th St間)
- (212)362-6000
- 週一～六10:00～20:00，週日12:00～18:00
- 搭地鐵1至66th St
- www.metopera.org
- P.274 / B1

紐約愛樂管弦樂團
New York Philharmonic Orchestra

- 10 Lincoln Center Plaza (Broaway與65th St間)
- (212)875-5700
- 週一～五10:00～18:00，週六13:00～18:00，週日12:00～17:00
- 搭地鐵1至66th St
- www.nyphil.org
- P.274 / B1

卡內基音樂廳
Carnegie Hall

- 57 St與7th Ave路口
- (212)247-7800
- 週一～六11:00～18:00，週日12:00～18:00
- 搭地鐵N、R、Q至57th St
- www.carnegiehall.org
- P.274 / D3

　　另一個林肯中心的鎮店之寶，是以David Geffen Hall爲家的紐約愛樂管弦樂團（New York Philharmonic Orchestra），同樣以保存古典音樂的原汁原味而著名，不時穿插美國現代作曲家的作品首演。

　　卡內基音樂廳（Carnegie Hall）是另一個表演重鎮，演出的類型也比較多元化，如馬友友的巴西音樂、獲得柴可夫斯基鋼琴大獎的郎朗、久石讓的吉卜力音樂，都曾在節目單上出現，其主演奏廳：Stern Auditorium / Perelman Stage絕佳的音響效果被譽爲「樂器的一部分」。

　　雖然林肯中心或是卡內基音樂廳的演出票價乍看頗驚人，如大都會歌劇最高飆到460元，6層樓高的位子（Family Circle）也要25元，但是跟水漲船高的百老匯比起來，這樣的票價算是高貴不貴（歌劇的大製作，加上動輒3小時的長度，其實很夠本）。

　　如果只想用音樂培養氣質，林肯中心旁的茉莉亞音樂學院（Julliard Music School）的學生演出，歌劇、室內樂等幾乎都免費，他們或許就是站上大都會舞台的明日之星呢！

購票撇步

- **大都會歌劇**：部分演出有學生票折扣，可從網路先註冊，上傳學生證，即可優先收到學生票的相關訊息，並透過網路、電話或是到售票口買票。售票口也會在表演當天10:00出售學生票，每人限購2張，需出示學生證，請先電洽該場次是否有學生票。只有全職大學生及研究生才可購買學生票。
- **卡內基音樂廳**：卡內基音樂廳製作的節目(可透過官網查詢)皆有10元的學生票，可至售票口出示有效學生證購買，限購兩張。另外有一般大眾皆可購買Public Rush Ticket優惠票10元，演出當天至售票口購買，數量有限，先到先買。
- 持台灣學生證者可先申請國際學生證。

［芭蕾舞、現代舞］

除了歌劇外，林肯中心也是芭蕾舞的舞台。大都會歌劇院公休的時候，就由紐約市立芭蕾舞團及美國芭蕾舞團上場，前者的公演季分別是秋9～10月、冬11～2月、春3～4月，後者為5～7月及10月。紐約市立芭蕾舞團（New York City Ballet，簡稱NYCB）創立於1933年，創辦人喬治巴蘭欽（George Balanchine）將非敘事性的「抽象」概念帶入芭蕾舞中，至今依然沿襲了這樣的風格；美國芭蕾舞團（American Ballet Theater，簡稱ABT）的舞碼，則兼具傳統及現代，有經典的天鵝湖，也有新舞碼的首演。

奠定現代舞天后地位的瑪莎葛蘭姆（Martha Graham），是當年雲門舞集林懷民習舞的老師，而前雲門舞者許芳宜（Fang-Yi Sheu）也曾是瑪莎葛蘭姆舞團（Martha Graham Dance Company）的首席舞者之一，當時年紀輕輕的她詮釋起寓意深遠的葛蘭姆，入木三分的表現贏得紐約時報的專文讚賞。他們每年不定期在紐約演出。

相較於葛蘭姆的生死議題，保羅泰勒舞團（Paul Taylor Dance Company）的作品就顯得輕鬆小品多了，有打情罵俏、也有春光無限好，在林肯中心三週公演時間為10月底～11月。艾文艾利（Alvin Ailey American Dance Theater）則是黑人舞團，展現黑人文化發自內心的真誠，公演時間為每年的12月。

如果沒有碰到以上舞團公演也別哀怨，位於雀爾喜的Joyce Theater隨時都有來自於世界各地的新銳舞團演出，通常檔期為一週。

紐約市立芭蕾舞團
New York City Ballet
http www.nycballet.com

美國芭蕾舞團
American Ballet Theater
http www.abt.org

瑪莎葛蘭姆舞團
Martha Graham Dance Company
http www.marthagraham.org

保羅泰勒舞團
Paul Taylor Dance Company
http www.ptdc.org

艾文艾利舞團
Alvin Ailey American Dance Theater
http www.alvinailey.org

Joyce Theater
http www.joyce.org

［藝術節］

林肯中心
Lincoln Center
http www.lincolncenter.org
MAP P.274 / B1

布魯克林音樂學院
Brooklyn Academy of Music
http www.bam.org

每年林肯中心(Lincoln Center)、布魯克林音樂學院(Brooklyn Academy of Music,簡稱BAM)都會舉辦大型的藝術節,邀請世界各地劇場、舞蹈、音樂各領域的出色藝人前來演出,尤其是後者的〈下一波〉(Next Wave)藝術節長達3個月(10～12月),讓紐約成為名符其實的世界藝術之都,雲門舞集從此揚名國際,優劇場的〈海洋之音〉也贏得此地觀眾的滿堂采。有一次我在BAM前面等朋友一起看表演,一個老太太過來跟我聊天,她說她每年都會從曼哈頓過來看〈下一波〉的多場演出,因為不僅節目素質高,場地大小適中,最棒的是價格要比曼哈頓合理多了。的確,布魯克林〈下一波〉的票價25～40元,而林肯中心不同主題的藝術節多在50～60元,甚至更高。

不過林肯中心也有免費的藝術節,譬如即將邁入50週年,7月底～8月中的「戶外藝術節」(Lincoln Center Out of Doors),集各類型音樂、舞蹈演出,總是吸引了各族群、階層的觀眾,可說是紐約夏天的盛事之一。如果喜歡跳舞,同樣位於Damrosch Park,6月底～7月初的「仲夏搖擺夜」(Midsummer Swing Night)也是免費,不管是騷莎、搖擺還是迪斯可,皆有現場演奏伴舞。

企業贊助讓藝術欣欣向榮

每年林肯中心、布魯克林音樂學院都會舉辦大型的藝術活動,翻開紐約每一個藝術演出,都不難看到一長串贊助企業的商標,其中Altria、Bloomberg、JPMorganChase等幾乎是大小演出的「衣食父母」,更別說一堆以私人名義設立的基金會了。紐約大企業林立,加上美國企業回饋社會作公益的使命,其實是造就紐約藝術榮景的重要支柱之一。雖然贊助的經費都可以抵稅,但也讓一流的人才得以有演出的空間,因而吸引了每年不計其數的遊客前來消費,同時瞄到了企業的Logo,每個人都是贏家。

[流行音樂演唱會]

　　如果對芭蕾、古典音樂從來沒感覺，也別花冤枉錢從頭睡到尾，來麥迪遜廣場花園（Madison Square Garden）吧！跟U2、女神卡卡、演唱〈New York State of Mind〉破百場的比利喬，以及上萬歌迷一起搖滾；或是到同為體育館場地、五月天演出過的Barclays；到Irving Plaza看潛力股的明日之星。或是夏天到歷史悠久的Forest Hills Stadium看老中青樂手輪番上陣，當年，賽門與葛芬柯、Bee Gees走紅時也在此演出過。另外，離紐約40分鐘火車車程的長島（Long Island），Jones Beach Theater位於海邊的半戶外場地，有The Who、ZZ Top等從6～8月陪你吶喊一整個暑假。每每看到那些陪我一起長大的老芋仔樂團還在台上活蹦亂跳時，驚訝之餘也只能跟他們致敬「搖滾不死」！

　　此外，如果想得知有哪些你夢寐以求、想一睹風采的藝人在紐約表演，不妨上網查詢（http www.ticketmaster.com），除了紐約外還列出該藝人在全美巡迴的行程，該網站也接受信用卡訂票。如果人已經在紐約、正巧碰上了偶像在此開唱，直接到該場地的票房（Box Office）購票，可以省一筆手續費。

麥迪遜廣場花園
Madison Square Garden
- ✉ 7th Ave (32nd St與34th St間)
- ➡ 搭地鐵A、C、E、1、2、3至34th St-Penn Station
- MAP P.276 / D2

Barclays
- ✉ 620 Atlantic Ave, Brooklyn
- ➡ 搭地鐵1、2、4、5、B、D、N、Q、R至Atlantic Ave-Barclays Center

Irving Plaza
- ✉ 17 Irving Plaza (15th St路口)
- ➡ 搭地鐵4、5、6、N、R、Q、W、L至14th St-Union Sq
- MAP P.277 / G6

Forest Hills Statidum
- ✉ 1 Tennis Pl, Forest Hills
- ➡ 搭地鐵E、F至Forest Hills 71 Ave

Jones Beach Theater
- ✉ 895 Bay Pkwy, Wantagh
- ➡ 搭長島鐵路（Long Island Rail Road, LIRR）到Freeport站，轉搭N88公車直達

NY A-Z

Run New York

跑|步|紐|約

以前總覺得神經病才會去跑步，沒想到現在我已經跑了3個全馬，7個半馬還有很多個5K、10K，以下路線是我照表操課時的踩點心得，就算不跑步，散步、騎車（中央公園蓄水池例外）皆適宜。

哈德遜河上城段＋河畔公園

➡ 搭地鐵**2**、**3**至72街，往西走到Riverside Drive

水岸、綠地跑好跑滿

河畔公園從72街延伸到158街，除了哈德遜河的步道、自行車道，還有蓊鬱榆樹的公園腹地及15個兒童遊戲場，比起下城段，這裡多為附近居民，步調也比較悠閒，每個遊戲場都有洗手間，十分方便。商店林立的Broadway在三條大道外，位於80街口的Zabar's（見P.126）是補給的好所在。

哈德遜河下城段＋東河步道

➡ 搭地鐵 D 至 Grand St，
沿 Grand St 往東直行
即可到東河步道

曼哈頓下城精華盡收眼底

　　曼哈頓水岸規畫最完善的部分莫過於縱貫曼哈頓西邊，從底端砲台公園市（Battery Park City）一路延伸到181街喬治華盛頓橋（George Washington Bridge）。沿著哈德遜河全長約12英哩（19公里）的步道＋自行車道，尤其是下城段到23街這段，一旁還有公園，腹地更加開闊，有著規畫完善的草坪區、開放空間及維持良好的洗手間及飲水機，夏天的傍晚常有露天音樂會、電影等等，加上位於西邊，總是有無敵的夕陽可以看。

　　我自己沒有全程跑完哈德遜水岸，只有分段分區跑過，主要原因是在很多區段會有自行車與行人共用步道，在熱門時段（就是非清晨、夜間）行人、跑者、公路自行車、Citi Bike全都一起上路，雖然大家基本上互相禮讓，總還是得瞻前顧後。另外則純屬個人偏好，我雖然喜歡跑水岸邊，但一路都是沿著哈德遜河眺望對岸紐澤西大樓及房子景色，說真的，還真有點膩，所以我跑過結合東河（East River）步道的路線，也跑過搭配河畔公園（Riverside Park）的路線，如此一來，景色比較有變化才不會無聊。

　　雖然東河河岸沒有像西邊哈德遜河全線有水岸步道，但是有步道的部分景色也很宜人，我曾經從唐人街的主要街道格蘭街（Grand St）一路往東跑到FDR Drive快速道路，過了天橋就到了東河步道，往南跑一路看著曼哈頓橋、布魯克林橋，跑過南街海港，之後就繞過曼哈頓尖端來到了西邊銜接到哈德遜步道，繼續往自由塔（Freedom Tower）方向前進，可說是將曼哈頓下城精華盡收眼底。

➡ 搭地鐵**4**、**5**、**6**至86th St，往西走到5大道89 街入口

🗺 P.272/D1

展望公園
Prospect
Park

➡ 搭地鐵**2**、**3**至Grand Army Plaza，出站後往 噴水池、拱門方向走即 可進公園，步道就在眼 前

ℹ 週末在Grand Army Plaza有農夫市集，新 鮮果汁、水果、烘焙攤 位都好吃。平時則可以 從Grand Army Plaza 往Union St的方向 走，7大道、5大道上都 有很多餐飲選擇

🗺 P.135

適合初跑者來牛刀小試

　　中央公園內的外環道路雖然寬廣，但是遊客需與馬車及自 行車共用，而蓄水池步道連單車都禁入，一圈為1.58英哩（2.54 公里），兩圈剛好5K，加上一路平坦鋪有小碎石，非常適合初 跑者打卡並宣稱「我跑過中央公園了！」雖然距離不長，飲水 機、洗手間一樣都不缺，加上離公園出口近，一出去就有果 汁小販，再走過一條街就是豪宅改建的Cooper Hewitt設計博物 館，先前去才發現，他們把庭院改成對外開放的Cafe，有咖啡 有酒也有輕食，當成跑後補給蓋高尚！

　　蓄水池的全名是「賈桂琳甘迺迪歐納西絲蓄水池」（Jacqueline

Kennedy Onassis Reservoir），想 當然爾，第一夫人賈姬當年跑 過這兒，據說娜姐瑪丹娜跟前 總統柯林頓也跑過。現在的步 道則是2015年5月才整修重新開 放，春天來的話，運氣好還可 以跑過櫻吹雪呢！

跑步設施更勝中央公園

　　以我布魯克林居民跟跑者的角度來說，展望公園比中央公園 更友善跑者，不管是跑道的長度、周圍的飲水、洗手間設施， 以及與自然親近的程度，都比中央公園更好跑。相較於中央公 園完整一圈6.1英哩（9.8公里），展望公園的一圈是3.36英哩（5.40 公里），短短的5K可以完全跑柏油路面，也可以跑到一旁的草

坪、馬匹走的碎石步道或是湖邊步道；中央公園的跑道雖然沿途有曼哈頓的建築環繞，但是離湖或是草坪都有段距離，基本上都只能跑在柏油路面上。

至於飲水機跟洗手間，展望公園的設計是在跑道周邊，所以很難錯過；中央公園的設施則是針對整個公園所以比較分散，也可能是我跑得不夠多，還沒有摸透每個設施的所在。

展望公園不算是世界有名的公園，比較像是紐約人的私房大公園，並沒有很想幫它招攬遊客，我這樣算是大大的無私分享嗎？

紐約馬拉松
TCS NEW YORK CITY MARATHORN

紐約馬拉松每年有超過5萬名跑者，來自150個國家，在11月的第一個星期天，跑過紐約的五大行政區，所有的賽道都淨空車輛，上萬名志工、上百萬名夾道加油的民眾，堪稱紐約最大街趴，加上沒有所謂的「關門」時間，有高達99%的完賽率，主辦單位紐約路跑協會（New York Road Runners, NYRR）執行長還會等在終點線為最後一名完賽者掛上獎牌，人情味十足。

紐約路跑協會跑站
NYRR Run Center

離中央公園兩條街的跑站，有寄物櫃、更衣間、洗手間，所有設施、課程、講座都免費，旁邊是New Balance專賣店。

✉ 320 W 57th St

http www.nyrr.org/runcenter

➡ P.274 / C3

夏秋限定之輕鬆環島

對我而言，跑步本身就已經夠累了，如果還要與車爭道，閃躲行人的話更是讓人神經緊繃，所以我偏愛人車分道，最好是車輛禁行的跑道。總督島完全符合這種寬廣的路線，而且搭渡輪進出小島，即便航程只有10分鐘，還是有種遠行的心情。

總督島面積172英畝，原本是軍事基地，一直到2003年，聯邦政府才以象徵性的金額賣出150英畝給紐約市，22英畝則作為紀念碑使用。當時移轉的條件是不能在島上興建永久住宅跟賭場，所以2014年總督島正式對外開放到現在，保留了原本的樣貌，只有紐約港口學校遷校至此，還有些房舍作為藝術展覽的場地。全島對外開放時間為5月1日到10月31日。

來這兒跑步，輕輕鬆鬆就可以環島，很有成就感！一圈的距離是2.2英哩（3.54公里），從渡船碼頭開始，雖然下船時有些擁擠，但一轉眼人群就往島上散去，悠悠閒閒地跑過林蔭、跑向水邊，將下城金融區拋在腦後，和自由女神說哈囉，然後上山

丘景點The Hills遠眺，接下來繞過野餐點也跑向了小島的另外一邊。

這一路還會與5英哩以外的Verrazano-Narrows Bridge打照面，每年11月紐約馬拉松會有5萬名跑者從這座橋跑過，可以遠眺Red Hook的貨櫃港口再和曼哈頓橋、布魯克林橋遙遙相望，就這樣邊賞景邊跑完了！

當然島上可以晃的地方不只有外圍，所以不論是再跑一圈還是直接往草坪、建築移動，參觀有對外開放的藝術工作室或是直接往美食前進都好。島上有餐車，要吃飽也不成問題，還有紐約無限供應的好品質自來飲用水，洗手間則位於碼頭旁，也有分布島上的高級流動廁所，超級方便。

羅斯福島
Roosevelt Island

🕙 公園開放時間：
10～3月09:00～17:00
4～9月09:00～19:00

➡ 從59街2大道搭乘空中
纜車Tram(刷地鐵卡)；
搭地鐵F到Roosevelt
Island

MAP P.154

跑步紐約

可輕易環島一周

如果錯過了總督島的開放月分，免驚，還有一個可以暫離塵囂、安心跑步的島嶼全年開放，也不用擔心錯過一班渡輪要等上半小時，因爲通往羅斯福島的空中纜車Tram班次較爲頻繁，還可以鳥瞰東河、曼哈頓中城東街景，或是直接搭地鐵F在羅斯福島站下車。

不管是搭纜車還是地鐵，出站的地方都是Main Street，附近有家Duan Reade藥妝店以及新落成的康乃爾科技校園（Cornell Tech），1樓有咖啡廳是跑後補給、歇腳的好去處。跑步的話不管是往連結皇后區的Queensboro Bridge方向跑還是往另一頭，反正一圈就是4英哩（6.44公里）左右，沿途多數是環河步道，就算偶爾要跑上馬路，島上的車子不多，主要是免費的環島公車（跑不動了就當回收車用吧）。

跑過這段就可以進入安靜的住宅區，也可以看到在1880年代，原本爲女子精神病院，現已成爲高級公寓大樓一部分的The Octagon（888 Main St）。1887年時有名女記者Nellie Bly接下了《World》雜誌的採訪任務，喬裝爲精神病患進行了10天的臥底調查，隨後便出版了《瘋人院十日》（Ten Days in a Mad-House），揭發精神病院虐待病患的內幕，此書促成了精神病院的體制改革，Nellie Bly則成爲臥底報導的先驅。

往北端跑的話，對岸是皇后區，與Astoria的Socrates雕塑公園遙遙相對，還可以望見巨大的鋼鐵雕塑作品；再往前跑就到了北端頂點，19世紀的燈塔優雅地守望著，繞過它往南就到了曼哈頓這一面的天際線，那一端熙來攘往的車輛穿梭於FDR快速道路，這一端只有水聲潺潺和我的呼吸聲 。

南端則是四自由公園（Four Freedom Park），用來紀念紐約出身的小羅斯福總統（Franklin Roosevelt），是已故20世紀建築大師Louis I. Kahn的最後一件作品，運用樹木、階梯、廣場迎向無盡延伸的東河。

不知不覺回到了原點，此時正值下班時間，通勤上班族陸續回到家，一個穿著窄裙、腳踩高跟鞋，西裝外套掛在單車前方的OL從我面前呼嘯而過，這個只有1萬名左右居民的島看似安靜，畢竟還是曼哈頓，有如假包換的紐約客。

Sex

NY A-Z

用身體經驗大蘋果的情與慾

New York

慾｜望｜紐｜約

在慾望紐約，人人各自上演著「慾望城市」

　　《慾望城市》第一季在1998年轟動上演，一晃眼過了20週年，至今美國有線電視「E!」頻道依然每晚深夜馬拉松上映，而3小時的「慾望城市之旅」行程帶影迷看拍攝場景，回味劇中劇情。台灣也有部落客從劇中擷取片段探討永遠剪不斷、理還亂的感情糾葛，畢竟這部片太經典，從4位女主角在紐約的食衣住行育樂到情愛、性愛、友誼甚至親子都不放過，即便現在交友、約炮甚至到辦婚禮都有手機APP可搞定，人渴求的，還是那一份來自底層的連結，生理、心理皆然。

　　剛來紐約那些年，也是跟隨著影集的腳步用身體經驗大蘋果的情與慾，雖然穿不來凱莉的4吋高跟鞋，也住不起米蘭妲的上西城公寓，沒有色膽向慾女莎曼珊看齊，卻也做不成玉女夏綠蒂，但是靠著嬌小的東方女生身材以及對凡事好奇愛嘗新的個性，加上身邊有隨時欲求不滿的同志友人以及愛聽故事的好姊妹，跟進跟出見識過皮衣、皮鞭、群魔亂舞的「動作片」場景，「菜色」也從「日本壽司」、「印度咖哩」、「義大利臘腸」到「巧克力」都嘗過一輪，除了「無國界料理」外，12星座也差不多蒐齊了，只是真愛只有一枚，正果也只能修一顆。

不是每個故事都有Happy Ending

　　而生理需求也不是只有光鮮亮麗的帥哥美女才配享有。曾經誤打誤撞從中文報紙的分類廣告上，找到一份工作，是一間按摩中心需要中英文雙語的櫃檯小姐接聽電話，去了之後才知道這家強調接「西人」顧客的華人按摩中心其實有做「Happy Ending」還做「外賣」，想說我只負責接電話、回答問題、收錢並無大礙，但是因為客層三教九流，從建築工人到正統猶太教教徒（他們都穿傳統服飾所以辨識度高）都有，加上只有我會說英文，發生狀況時小姐只能找我排解。譬如說有高跟鞋癖的男子帶了一堆他的蒐藏來，要小姐不斷換穿同時幫他打手槍，搞到後來小姐受不了，要我去跟他說她寧願不賺這錢，我只好硬著頭皮去勸退依然「挺拔」的不滿客人；或是電話上有中年男子打電話來說他老婆想嘗試「女女」，問小姐願不願意「到府服務」，結果全部的小姐都拒絕，愛妻心切的先生說「為什麼不願意？不就像是妳們女人自慰一樣嗎？」這……是要我怎麼接話呢？

　　結果，這份工作在按摩店被警察掃蕩後收場。某天，荷槍實彈的警察突然闖入，將每個人都銬上手銬甚是驚悚，我腦筋一片空白，隨後有個便衣指著我說「她不是」，我的手銬被鬆開，目送小姐們被帶走，女警說：「妳會說英文吧！等我們走了妳就可以離開。」

　　待我驚魂甫定，將整件事理了一遍，想起事發前兩天，有個聲音聽來迷人的男子打電話來預約，卻一直問我說我怎麼不提供服務，我說我只負責接電話，我們的小姐都年輕貌美（其實並沒有）我比不上，他還繼續說妳聲音很好聽，不做太可惜……天知道，他是不是就是打來試探的警察，所以可以很篤定的說我沒做。

　　總之，慾望城市裡還是不少陷阱，不管是被搭訕、邂逅、豔遇還是從網路、APP約見面，人在紐約，尤其是單身女子，還是得注意自身的安全，畢竟這是真槍實彈的紐約，而非慾望城市的攝影棚。

慾望城市之旅

　　參觀《慾望城市》景點，網頁上還列出了景點的簡短介紹及地址，不跟團也可以照著走。

🌐 www.loving-newyork.com/sex-and-the-city-tour-in-new-york

Babeland

　　就像逛精品店般優雅，不用擔心異樣眼光。

🌐 www.babeland.com

🗺 P.281／E6、P.282／C2

Pleasure Chest

　　夏綠蒂在這買了讓她不想出門的「兔子」，「兔子」至今已賣了上萬支。另外有各式性主題工作坊，免費。

🌐 thepleasurechest.com

🗺 P.275／H2、P.278／D2

Tinder APP

　　全球最大交友APP，有300億用戶。

Grinder APP

　　針對LGBT(同性、雙性、跨性別)社群的交友APP。

Shopping

NY A-Z

New York

購│物│紐│約

紐約購物榮景的衰退（應該是說全美零售業皆然，電商的力量太強大）早已不是新聞，從百年老店Lord&Taylor百貨公司、曾經是敗家女天堂的Henri Bendel都吹熄燈號、深受亞洲人喜愛的Hollister也收掉了SoHo區的旗艦店，然後一項調查指出，當紐約人被問到想購物時會上哪兒買？75%的人說Amazon，乍看數字很驚人，但是看到公寓樓下幾乎每天都有大大小小的Amazon包裹，這數字應該不誇張，就算我很不想資助已是全球首富的Jeff Bezos（Amazon創辦人），但當我訂的貨品，週五下單週日就到貨（我還不是Prime會員呢），說真的，很難不被收服啊！

　　更雪上加霜的是，年年調漲的房租，把原本就已經苦撐的店家逼到絕境，別說小本經營的生意只能包袱款款，連有些連鎖店都寧願與房東提前解約，認賠殺出。隨著零售業蕭條而店家縮減，但還是有些值得一逛的商家，再說，來紐約玩，不逛街也說不過去啊！

購物撇步

在大開殺戒前，先做好功課吧！

■商店打烊時間早

文章中沒有特別標示紐約店面的營業時間，一般店面營業到20:00～21:00，週日多數商店依然營業，只是打烊時間會提早。

■紐約消費稅極高，而且不會退稅

在紐約購物沒有退稅，高達8.875%在結帳前讓你三思，不過衣服及鞋子100元以下免稅。退換貨是家常便飯，一般店面直接在收銀台處理，百貨公司及名牌折扣店則必須到客服中心處理（Customer Service Center）。

在台灣買東西要拿統一發票好對獎，在紐約則是要記得拿收據，這是退貨最重要的憑據，當然要退商品以沒穿過為原則。每一家都會有所謂的「退貨政策」（Return Policy），結帳時最好也順便看一下，或是會列在收據背面。

■什麼是Refurbish及Cash Back Rebate？

店家接受退貨，客人退的商品只要完好如初，店家可再次銷售，但是像電器開封過後，店家會送回原廠檢驗，處理過後再銷售，也會標上「Refurbish」字樣，同時價格也會便宜些。

使用網路購物的話，則可以善用「返現入口網站」（Cash Back Rebate Portal），幾乎所有的零售業現在都有電商，透過返現入口網站連結到電商網站可拿到1～10%不等的返現，但是多數返現入口站需累積到一定金額（如20元）才會以現金或禮卡的方式返現，所以適合大筆消費或是會在紐約待上一段時間的人。Rakuten、Topcashback、Mr. Rebates等是幾個受歡迎的返現入口站。

■逛街的「民生問題」

在紐約逛街很痛苦的是，除非在百貨公司或旗艦店之類的場所有公共廁所，其他店家廁所一般都不外借。地鐵站的洗手間在多年前就關閉了（除了時報廣場站有公共廁所），如果碰到中城都是警衛重重把關的辦公商業大樓，或是上西城、上東城門房守衛的高級公寓時，還真是急死人。滿街都是星巴克，比麥當勞「方便」、也乾淨些，不然其實很多酒吧也可以使用，他們通常白天也有營業。

許多餐廳門口貼著「廁所僅供顧客使用」，如果真的有需要，只好硬著頭皮進去，意外的是根據我的經驗，直接跟侍者說想借洗手間，他們也都無所謂。中央車站、賓州車站等火車站，或是現在越來越多的美食街也都有洗手間。

也可以下載Flush（沖馬桶）救急APP（見P.105），GPS定位所在位置即會出現附近可用的廁所，還會標示是否需要鑰匙，也有評比呢！

退貨政策(Return Policy)

- **Refund**：全額退款，用現金買，就直接退現金，用信用卡結帳會退到信用卡上。
- **Exchange Only**：只能換貨不能退錢。
- **Store Credit**：只能在該店使用，等同於現金，一般會給一張購買證明，列出Store Credit的金額。

百貨公司
Department Store

母親節前的週六午後，我為了拍照而踏入位於59街的**Bloomingdale's**百貨公司旗艦店，搭著復古電梯先到7樓再一路往下逛，我簡直不敢相信，這樣的週末應該是大家出門購物、慶祝的時段，結果，精心布置的華麗家飾區、高檔瓷器、餐具、廚具區，及各大名牌的寢具區，都是店員比客人多。

如此「荒涼」的景象一直到鞋子區才有轉機，彷彿所有的人潮都擠進這兒，多數女人只要一組鍋具就可以打發，但是鞋子可以幾十雙甚至上百雙還是可以繼續買，尤其是有西裝筆挺的型男服侍試鞋，所以零售業在此業績還是長紅啊！也無怪乎另一個名牌百貨公司**Saks Fifth Ave**的鞋子部門大到可以有自己的郵遞區號。

位於34街的**Macy's**百貨旗艦店，在他們收掉許多分店之後還是一枝獨秀，每年復活節的鮮花秀、感恩節的遊行、耶誕節的櫥窗，搭配隨時隨地都有的折扣、折價券，適合喜歡在眾多物件中尋寶的人。

相對於貴婦百貨公司的孤傲，名牌折扣商場這幾年在紐約倒是逆勢成長，除了紐約原有的Century 21外，其他全美連鎖如Norstrom Rack、TJ Maxx及Marshals等，因為標榜名牌價格的半價到2.5折，所以永遠是結帳要排隊。前兩者的檔次較高，有不少歐洲的名牌，個人最推Century 21的寢具，台幣不到300元就可以買到400織的單人床單，以及Norstrom Rack的女鞋部門，即便逛的人不少，但整理的速度也很快，令我訝異的是還有Nike、Brooks的跑鞋。

TJ Maxx及Marshals就很像大賣場，必須和很多婆媽競爭，物件也凌亂，但是如果能翻到1/3價格的極好穿Sam Edleman平底鞋，也不枉大費周章了。

Bloomingdale's
✉ 1000 3rd Ave (59th St路口)
➡ 搭地鐵4、5、6、N、R、W至59th St
MAP P.275／G2

Saks Fifth Ave
✉ 611 5th Ave
(49th St與50th St間)
➡ 搭地鐵E、M到5th Ave-53rd St
MAP P.275／F4

Macy's
✉ 151 W 34th St
(Broadway路口)
➡ 搭地鐵1、2、3、B、D、F、N、R到34th St
MAP P.277／D2、E2

Century 21
http www.c21stores.com

Norstrom Rack
http www.nordstromrack.com

TJ Maxx
http tjmaxx.tjx.com/store/index.jsp

Marshals
http www.marshalls.com

平價時尚、買手店
Budget Fashion, Mulit-Brand Boutique

雖然多數的平價時尚，如H&M、ZARA、Club Monaco、UNIQLO、GAP、MUJI等都已經在台灣設點，在紐約的店不管是店家的裝潢、商品的選擇上還是會在地化，至於價格我沒有實際比較過，但是因為這些店也都會有換季折扣或是部分品項的折扣，紐約的店未必會比較貴。

既然要逛，就逛這些品牌的旗艦店吧，如H&M在時報廣場的三層樓店走的是嘻哈路線、UNIQLO在第五大道三層樓的店是該品牌全球最大的店，又因為隔壁就是MoMA，也跟MoMA合作過限量版，加上他們三不五時跟當代藝術家合作，店面也會配合展示，譬如說村上隆的小叮噹讓第五大道頓時卡哇伊了起來。

至於上班族愛牌ZARA旗艦店，之前在UNIQLO的現址，現在轉戰紐約最新購物中心哈德遜園區（Hudson Yards），店面極簡、明亮。MUJI在紐約公共圖書館總館的店有紐約紀念品，如帆布袋、地圖手帕

等，送禮、自用兩相宜。

如果覺得平價時尚無法突顯個人風格，紐約的買手店才是你該逛的店。由專業買手精挑細選來自世界各地商品，紅牌或是等待變紅牌的設計師作品，例如2002年成立於紐約，取名「開幕典禮」（Opening Ceremony）的店，就是期許將全世界的好手齊聚一堂，所以每年都會選擇一個國家的設計師為主題。Urban Outfiter選的品牌平易近人但又不失「潮味」，位於金融區的店意

外地寬敞；而位於1908年老建築的Dover Street Market，則是日本時尚教母川久保玲打造的店，概念像是博物館，每半年會閉店一週更新「展覽」，也將時尚推至藝術品的層次。

H&M Times Square分店
✉ 1472 Broadway
　(42nd St路口)
➡ 搭地鐵1、2、3、7、N、Q、R、W、S至42nd St-Times Sq
🗺 P.274／D6

UNIQLO 5大道旗艦店
✉ 666 5th Ave
　(53rd St路口)
➡ 搭地鐵E、M到5th Ave-53rd St
🗺 P.275／E4

ZARA
🌐 www.zara.com/us

開幕典禮
Opening Ceremony
✉ 35 Howard St
　(Crosby St與Broadway間)
➡ 搭地鐵N、Q、R、W到Canal St
🗺 P.282／D3

Urban Outfiters
🌐 www.urbanoutfitters.com

Dover Street Market
✉ 160 Lexingong Ave
　(30th St路口)
➡ 搭地鐵6到28th St或33rd St
🗺 P.277／G3

網購私人造型師、樣品拍賣
Online Stylist, Sample Sale

雖然零售業一片哀鴻遍野，並不代表人們停止花錢買東西，只是管道不同了。以時尚為例，有別於一般網購從各品牌或是各百貨公司的網站下單，必須花時間、精力搜尋，但當收到現貨才發現只有穿在網紅身上才美。Stich Fix的創辦人Katrina Lake，2011年還是哈佛商業學校學生的時候，就幫朋友挑選衣服然後裝箱寄出，因為頗受好評進而創業，現在Stich Fix已經是股票上市的公司了。

我平常買衣服其實也就是那幾個牌子，偶爾會到二手衣店巡，倒是鮮少網購，抱著姑且一試的心態，也好奇透過專業造型師會幫我挑出什麼樣的款式，我花了約半小時時間，填寫Stich Fix的問卷，問題從身高、體重、平常穿的品牌、預算到工作性質、哪些花色、顏色是絕對愛與不愛的，送出之後，就等著包裹送來，20元的造型費，如果有購物會直接扣抵，留下喜歡的物件，不愛的就用已付郵資的袋子寄回，但造型費不退還。

收到包裹時還滿興奮的，因為很好奇會是怎麼樣的組合，除了每一件單品的價格清單及搭配建議外，我的設計師還特別解釋她挑選的長褲是

XS Petite，因為她怕一般長度對我而言會太長，顯然，她的判斷是正確的，也讓我與Stich Fix的初見面留下相當好的印象。

Stich Fix目前已經累積了20億筆客戶對收到物件的評比，他們以此作為演算法的基礎再搭配造型師幫客戶打理造型，我想我會再度使用。

如果本身對自己的造型了然於胸，無須假手他人，那你該關注「樣品拍賣」（Sample Sale），但熱門品牌要排上1、2個小時的隊。

我的型男朋友在他的粉專上貼了一張Sample Sale的戰利品全集，因為有人在地鐵上誇讚他的品味，他決定將「祕密」公諸世人，全身上下從帽子到鞋子，從休閒外套到牛仔褲，全部都是Sample Sale的戰績，品牌包含Hugo Boss、Paul Smith，總共才100元出頭，原價應該連一件單品都買不到。

Stich Fix
http www.stitchfix.com

樣品拍賣 Sample Sale
　有所有品牌的Sample Sales訊息，以月曆方式呈現。
http thestylishcity.com/sample-sales-calendar

樣品拍賣 Sample Sale
　專業樣品拍賣公司，品牌包含Marc Jacob、Bobbi Brown等。
http www.260samplesale.com

購物紐約

紐約身為時尚重鎮，幾乎所有品牌都設有展示間，樣品就是這麼來的，一季結束，樣品也要出清，有些是直接到品牌展示間選購，有些是透過專業樣品拍賣公司，各家拍賣時間與價位請參閱網站。要注意的是，所有樣品都是Final Sale，貨物既出，恕不退還。

運動休閒
Sportswear

其 實我也是開始跑步後才注意到紐約其實有很優的跑步用品店，當然Nike、Adidas這種大咖本來就是運動全能，不管什麼運動項目，在他們的旗艦店都可以找到從頭到腳的產品，但是像跑步用品店，如鄰近中央公園的**New York Running Club by Jack Rabbit**，只專

精於跑步，工作人員多數也對跑步、跑鞋頗了解。

近幾年「Athleisure」是Athlete（運動員）與Leisure（休閒）的複合字，意指休閒風、舒適的衣服，可穿去運動、做瑜伽，但也夠時尚，可以穿搭去吃早午餐甚至上班，成為時尚新寵，原本被認為只能上健身房穿的衣服，因為款式、顏色、剪裁都更加時尚，加上功能性布料，排汗性、透氣性都有所改善，所以踩腳褲這種以前只能穿去為做體操、跳土風舞的褲子，現在少了踩腳的那一圈成為很潮的內搭褲（Leggings），只要搭配長版上衣就很時尚了。

加拿大品牌Lululemon的招牌商品就是內搭褲，標榜有提臀、修飾的效果，即便一條定價將近100美元，但我在跑馬、瑜伽課上看到最多的就是他們家的Logo，我嫌貴至今仍下不了

手。對我而言比較實惠的選擇是**Athleta**，Athleta是Gap家族裡的頂級品牌（Banana Republic以上班服飾為主所以不列入比較），他們家的服飾走的也是「Athleisure」路線，質料舒適、花色不張狂，尤其是跑褲擁有4個口袋(很多牌子連1個都沒有)，手機、鑰匙、能量膠通通可以裝進去還不妨礙跑步。目前Athleta只有女裝跟女孩裝，Lululemon則男女都有，男裝其實也頗受歡迎。

1994年創立於紐約的滑板鞋、穿搭配件的**Supreme**是我無法了解的潮牌，因為進場永遠要排隊，從沒進去過無法多做介紹，但是因為高居代購榜還是要列進來。

集合多個運動品牌於一店的**Modell's**和**Paragon Sports**，都是紐約老店，前者從1889年營業至今，是美國最老的家族經營運動用品店（真好奇近百年前的運動用品是啥樣子），而後者創立於1908年，一走進店裡還真的是包山包海不誇張，從登山用品到潛水用品都有，每年9月他們的「倉庫拍賣」可是年度盛事，我曾經買過一雙35元的Saucony球鞋，幾乎是原價的1/3。

Nike SoHo
✉ 529 Broadway
(Spring St路口)
➡ 搭地鐵**R**、**W**到Prince St
MAP P.282／D1

New York Running Club by Jack Rabbit
✉ 10 Columbus Circle 210室
(時代華納大樓內)
➡ 搭地鐵**1**、**A**、**C**、**B**、**D**至59th St-Columbus Circle
MAP P.274／C2

Lululemon
http info.lululemon.com/stores

Athleta
http www.athleta.gap.com

Supreme
✉ 190 Bowery St
(Spring St路口)
➡ 搭地鐵**J**、**Z**到Bowery
MAP P.283／F1

Modell's
http stores.modells.com

Paragon Sports
✉ 867 Broadway
(18th St路口)
➡ 搭地鐵**4**、**5**、**6**、**N**、**Q**、**R**、**W**、**L**到14th St-Union Sq
MAP P.277／F5

雜貨、家飾
Interior and Furniture

雖然旅行時逛家飾、雜貨店總有太多遺憾，因為家具搬不回家、雜貨又太龐雜，鍋碗瓢盆難度更高，但也不是不可行，畢竟這些專業店家都會將易碎品層層包裹。

One Kings Lane原本是網路家具、家飾商號，在SoHo的旗艦店坐落於200年的老屋內，一進門像是走進了名媛淑女精心布置的小豪宅，堆滿了抱枕的Day Bed（坐臥兩用長椅），餐桌上的仿青花瓷的容器並不違和，角落看起來很好睡的床，書桌上可愛插畫卡片、筆記本、文具等，真有種拾包入住的衝動啊！

原木、純色、極簡、偏冷風格的West Elm，把型錄3D立體化後，同樣以客廳、臥室、浴室等分區陳列，讓原本就喜愛他們型錄風格的我，恨不得把整區產品搬回家依樣畫葫蘆，彷彿摻雜了其他家的產品，就失去了原汁原味。

ABC Carpet & Home號稱擁有世界上最多的精選高檔地毯，其實除了地毯外，整整6層樓的燈飾、床組、抱枕、織物等也都值得一逛。如果你是民俗風的愛好者，這裡有祖母時代的紅棉床或是

路易十四的高腳椅，逛累了，到1樓的咖啡店歇歇腳再出發。

ABC Carpet對面的**Fishs Eddy**雖然店面不大但是很好逛，尤其適合選購伴手禮，從馬克杯、廚房餐巾到盤子，有許多紐約主題、毛小孩的幽默插畫，價格也都頗合理。如果是自用，店面後方的折扣區永遠有著各式各樣的樸素碗盤、刀叉等。

Flying Tiger是來自哥本哈根的百元(台幣)商店，彷彿來自北歐的商品就是掛保證的小清新，Flying Tiger的物件，從文具、雜貨到玩具等，就像該品牌標榜的「豐盛的生活未必要花大錢」。

One Kings Lane
✉ 143 Spring St (Wooster St 與W Broadway間)
➡ 搭地鐵**C**、**E**到Spring St
MAP P.282／C1

West Elm
✉ 112 W 18th St (6th Ave與7th Ave間)
➡ 搭地鐵**1**到18th St
MAP P.277／E5

ABC Carpet & Home
✉ 888 Broadway (19th St路口)
➡ 搭地鐵**R**、**W**到23th St
MAP P.277／F5

Fishs Eddy
✉ 889 Broadway (19th St路口)
➡ 搭地鐵**R**、**W**到23th St
MAP P.277／F5

Flying Tiger
✉ 920 Broadway (20th St與21st St間)
➡ 搭地鐵**R**、**W**到23th St
MAP P.277／F5

藥妝店
Pharmacy

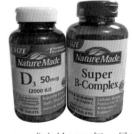

紐約的藥妝店雖然沒有像日本這麼好買，規模相較屈臣氏、康是美等藥妝店倒是龐大不少，舉凡成藥、保養品、彩妝、零食、飲料、文具、生活、清潔用品等一應俱全，在辦公商圈裡的藥妝店很多還會賣熟食，雖然不過是三明治、切片水果等，只是想果腹時還是挺方便的。

位於格林威治村的**C.O. Bieglow**成立於1838年，是美國歷史最悠久的藥房，店面陳設儼然是藥房博物館，有著當年的藥瓶、處方箋等，而同名品牌的全系列保養品也散發著濃濃復古味。起家於紐約的**Duane Reade**（Duane與Reade是曼哈頓下城的街名，該藥妝店第一個點位於Broadway的這兩條街之間），雖然後來被來自芝

加哥的連鎖**Walgreen**收購，但仍保有原本店名，推薦來金融區的分店，大理石巨大梁柱、雕琢的天花板紋飾，讓我搭著手扶梯一路讚賞，也不過是進來買瓶水罷了。

藥妝店連鎖除了上述兩家，紐約還有**Rite Aid**、**CVS**等，其實每一家販售的商品大同小異，價格上會因特價而有所差異，特價商品需要加入會員才能享有折扣，如果會在紐約待上一段時間，有此地地址及電話，不妨辦張會員卡，台灣人熟悉的維他命品牌Nature Made及Nature Bounty常有買一送一的特賣。

C.O. Bieglow
✉ 416 6th Ave (9th St路口)
➡ 搭地鐵 **A**、**C**、**E**、**B**、**D**、**F**、**M**至W 4th St-Washington Sq
MAP P.279 / E2

Duane Reade
✉ 100 Broadway (Pine St路口)
➡ 搭地鐵**4**、**5**到Wall St
MAP P.284 / D3

Walgreen
http www.walgreens.com

Rite Aide
http locations.riteaid.com/locations/ny/new-york.html

CVS
http www.cvs.com/store-locator/cvs-pharmacy-locations/New-York/Manhattan

另外一些常備藥品，如咳嗽糖漿Dayquil、Nightquil，或是抗過敏、傷風所引發的流鼻涕、搔癢，甚至暈車等的Benadryl，以及外用含有輕劑量類固醇成分的止癢藥膏Cortisone，還有外傷時防感染的Neosporin藥膏等，都是好用的開架式藥品。

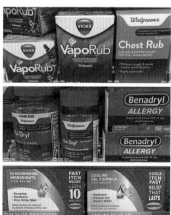

書店
Bookstore

在1998年的電影《電子情書》（You've Got Mail）裡，湯姆漢克的連鎖書店擴張，讓梅格萊恩的小書店面臨經營困境，20年後風水輪流轉，大型連鎖書店關店的（Barnes & Nobles）、破產的（Borders），而特色獨立書店卻咬牙撐了下來；雖然和零售業一樣，不少也是因租金高漲以及網路發達而不得不吹熄燈號，但是存活下來的，靠著獨特的選書品味，與社區結合成為活動場地，或是兼賣咖啡、甜點等，也吸引了死忠的客層。

例如有100年歷史，孕育無數戲劇人才，專賣戲劇書籍的The Drama Book Shop，因為無法再負擔劇場區的昂貴租金不得不歇業，在劇場界一片不捨之際，百老匯的當紅劇《漢彌爾頓》（Hamilton）的創作者及演員Lin-Manuel Miranda因為深愛此店，與該劇的導演、劇場房東等聯手買下了該店，並在附近尋找新店址。

獨立書店的競爭還來自巨擘亞馬遜（Amazon），網路也就罷了，亞馬遜也在曼哈頓開了實體書店，賣網路暢銷排行

榜的書，用網路讀者評價（亞馬遜用同樣的模式在蘇活區開了一家四星店，所有的商品都是自家網站評價四星以上）來推薦書，亮白的燈光、偏冷的空調，整家店比較像是科技產品店更勝書店。

還是像Greenlight Bookstore以及Books of Wonder這樣的社區書店有人情味多了，前者以人文書為主，櫥窗總有著秀色可餐的精裝食譜書以及刺激思考的評論書；後者則是可愛童書店，含括了不同世代的童書作品，即便是大人來，也可以在此找到童年的回憶。

而在一片唱衰的氛圍下，號稱擁有18哩長藏書的Strand繼續屹立不搖，走進去就像掉入書的無底洞；日本的紀伊國屋（Kinokuniya）依然有最新的日本雜誌及暢銷書；也有不知道是膽大還是財大包天的The Center for Fiction，書店位於「布魯克林音樂學院，BAM」對面的玻璃帷幕大樓1樓，挑高、寬闊的空間擁有整面書牆，而且還是以小說為主。

衷心希望這些書店都能好好活下去。

亞馬遜 Amazonbooks
✉ 10 Columbus Circle
（時代華納大樓內）
➡ 搭地鐵1、A、C、B、D至59th St-Columbus Circle
MAP P.274／C2

Greenlight Bookstore
✉ 686 Fulton St,Brooklyn
➡ 搭地鐵C到Lafayette Ave

Books of Wonder
✉ 18 W 18th St
（5th Ave與6th Ave間）
➡ 搭地鐵1到18th St
MAP P.276／D5

Strand
✉ 828 Broadway
（12th St路口）
➡ 搭地鐵4、5、6、N、Q、R、W、L到14th St-Union Sq
MAP P.279／H1

紀伊國屋 Kinokuniya
✉ 1075 6th Ave (41st St路口)
➡ 搭地鐵B、D、F、M到42nd St-Bryant Park
MAP P.275／E6

The Center for Fiction
✉ 15 Lafayette Ave, Brooklyn
➡ 搭地鐵2、3、4、5到Nevins St

聖誕市集、跳蚤市場
Christmas Market ,Flea Market

每年到了11月，紐約的過節氣氛就日益濃厚，從布萊恩公園、中央公園到中央車站、聯合廣場等，攤位依序搭建展開，尤其是布萊恩公園因為有「冬季村」（Winter Village）溜冰場，加上一幢幢的小木屋商店，逛起來格外有fu。

聖誕市集的商品琳瑯滿目，除了理所當然的聖誕飾品外，手作珠寶、香皂、造型時鐘、帽子、提袋等應有盡有，過節送禮或是犒賞自己的購物人潮擠滿攤位，一攤一攤逛累了，也有食物、飲料攤位補給。

聖誕市集畢竟只有年底2個月的時間，其他的時間想要逛市集、挑舊貨，全年開放的跳蚤市場是另一選擇。位於雀爾喜的**Annex Market**，從1973年開始每個週末都在雀爾喜的停車場開張，以舊貨為主；位於布魯克林Dumbo曼哈頓橋下的**Brooklyn Flea**每週日開市，手作、舊貨攤位都有；而位於上西城學校操場及室內空間的**Grand Bazzar**，則是紐約最大的週日市集，操場的攤位有創作藝品也有飲食，室內空間有許多來自上西城的老人家來「變賣家產」，部分收益會捐助附近的4所學校，近2,000名學童藉此受惠學校課程、器材等。

Vivi Sun

以熱情延續手作事業

聖誕市集擺攤經驗開10年

來自台灣的珠寶創作者Vivi Sun從FIT(Fashion Institue of Technology，時尚學院)拿到珠寶設計的副學位後，投入珠寶設計、銷售的工作，在夏日市集街頭擺攤數載後，終於拿下了她心目中的指標市集——布萊恩公園的聖誕市集！

Vivi Sun除了得汲取創作靈感、製作飾品，還得親自顧店，尤其在初期，就是她和先生輪流掌櫃，後來雖然有僱用員工，但因為得兼顧不同市集，還是得事必躬親，顧店不只是收收錢，還得應付三不五時殺價的奧客，甚至接二連三的扒手，其中不乏慣犯老婦人，讓Vivi瞠目結舌！

那究竟是什麼支持著Vivi繼續做下去呢？「就真的是很熱愛這份工作，不然一天要重複製作200個一樣的物件，撐不下去的！」那撐下去的動力又是什麼？「想到自己的作品出現在世界各地的街頭，一切也都值得了。」

圖片提供 / Vivi Sun

Annex Market

- ✉ 29 W 25th St (6th Ave與Broadway間)
- 🕐 週六、日06:30～19:00
- 💲 門票1元
- ➡ 搭地鐵1、6、F、N、R至23rd St
- MAP P.277 / E4

Brooklyn Flea

- ✉ 80 Pearl St, Brooklyn (DUMBO的曼哈頓橋下)
- 🕐 週日10:00～17:00
- ➡ 搭地鐵F至York St

Grand Bazzar

- ✉ 100 W 77th St (Amsterdam Ave及Columbus Ave間)
- 🕐 週日10:00～17:30
- ➡ 搭地鐵1至77th St
- MAP P.272 / B4

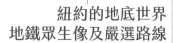

Subway
New York
地|鐵|紐|約

紐約的地鐵，其實滿糟的。夏天像大火爐，才走下樓梯、一陣熱風就迎面襲來，必須抱著「我不入地獄誰入地獄」的勇氣才能鼓起勇氣往下走，不像台北所有捷運站都是中央空調。紐約地鐵冬天則變成了遊民之家，雖然警察有時會驅趕，但念在外面冰天雪地的份上，有時不免手下留情。

紐約的地鐵，真的滿糟的。你永遠不知道下一班車何時進站（雖然部分車站已安裝了到站時間顯示器），沒有耐性的紐約客都變成了長頸鹿，三不五時在月台上伸長了脖子、東張西望，期盼用念力把火車引進站。儘管再嫌棄，紐約地鐵畢竟已經跑了上百年，西元1904年10月27日從市政府發車到現在，依然神采奕奕，儘管再顧人怨，紐約地鐵24小時、365天永不收班，永遠不用擔心趕不上午夜

的收班車，雖然深夜有時可能等上半個小時，但終究回得了家。

這就是每天580萬人次（註：過去15年增加了130萬人次，難怪地鐵越來越擠）賴以移動的最大地下運輸網路系統，至今依然沿用單一費率，坐一站跟從起點坐到終站，都是一樣的價錢，藉此拓展區域的繁榮。

每天搭地鐵雖然行色匆匆，卻也見識到不少地鐵的眾生像，一幕幕的驚奇，成為紐約永不落幕的移動風景。

列車長

「各位女士、各位先生，本週末由於鐵道維修，往曼哈頓方向的R車，從太平洋街起將走N車路線、穿越曼哈頓橋到堅尼街，要到慢車路線各站的乘客，請在堅尼街轉搭往布魯克林方向的R車，每站皆停。N車將走D車路線，曼哈頓的第一站是格蘭街，而非堅尼街……」以上請一口氣唸完，就是紐約地鐵列車長的廣播，而且，他們的英文還都有口音喔！不保證聽得懂！

紐約地鐵各路線都配有新列車，有電子廣播及電子告示板顯示所到的站名，但是舊車款都還是人工廣播，有時列車長興致一來，還會來段即興演出：「今天紐約風和日麗，祝大家都有好心情，下車別忘了個人隨身物品。」不過，如果你最想聽的是有沒有坐過站，抱歉，還是自求多福吧！除非像我一樣待得夠久，從完全聽不懂到有一天豁然開朗，這時候除了睡著外，也很難再坐過站，因為已經坐到都可以把地鐵圖背起來了！

地鐵乞丐

　　雖然有明文規定不能在地鐵上乞討，但是從來沒有嚴格執行過，所以各路乞丐就各憑本事在地鐵上討生活。曾經有人給乞丐一條「Power Bar」（一種多穀類的活力食品），竟然被拒絕了，對方還鍥而不捨地說：「這很好吃耶，你確定不要？」乞丐還是搖搖頭，原來乞丐也有挑嘴的。

　　還有一對俊男美女乞丐，女的大腹便便在一旁沉默不語，男的負責討生活，拿著一本破舊的護照，宣稱他們是從德國來的，因為行李被偷回不去，女友又懷孕，請大家資助他們旅費，果然引發熱烈迴響。時隔多月後，乞丐二人組多了一個新成員，男的說詞不變，只有在結尾處請大家資助他們奶粉錢，又是一陣慷慨解囊，看來不只是奶粉錢，我猜連孩子的學費都有著落了吧！

地鐵藝人

　　地鐵藝人分為兩種：一種在月台上表演，各擁地盤、互不干擾，通常出現在人潮較多的車站，大西洋街月台上的二胡夫妻檔了、4、5、6月台上的揚琴、西四街的爵士三人奏、34街的排笛四人組等，有時候他們還兼賣CD，一天的收入從幾十元到幾百元不等，通常天氣好、大家心情好，出手也比較大方。為了讓有才華的藝人脫穎而出，紐約地鐵局(MTA)每年還舉辦地鐵藝人的公開甄選，水準之上的可以掛上「Music Underground」的旗子，也可以選擇比較好的位置。

　　另一種地鐵藝人就直接將車廂當舞台，有點強迫推銷的味道，但比起乞丐直接伸手要錢，他們顯得有骨氣多了，且其中不乏精采演出。最令我印象深刻的有兩個，一個是街舞小子，他們在車廂上前空翻、後空翻，演出絲毫不受行進搖晃影響，贏得滿堂彩；另一個是一位盲人歌手，他會先就定位，清唱上一段，唱到一半時開始拿著拐杖移動收錢，此時拐杖就變成了他的節拍器，一曲唱完剛好走完一個車廂也收完了錢。我看過他好幾次，歷盡滄桑的歌聲令人聞之動容，還會隨著季節變換曲目，是我見過最敬業的地鐵藝人。

下城街頭風

　　L線對許多觀光客或許有些陌生，但是在曼哈頓橫貫14街、1～8大道後，進入布魯克林的Bedford大道，沿線所經的肉品包裝區、聯合廣場、東村至威廉斯堡、布什維克，全都是紐約當今最酷、最潮的區域。沿路上下車的，活生生就像從《Paper》、《i-D》等雜誌走下來的模特兒，他們或許不是頂帥頂美，但都極盡愛現之能事，如低腰牛仔褲低到險些露毛的瘦身美少女、運動提包裡藏著2隻剛張開眼小狗的寵物三人組，或是穿著鮮黃色T恤、上有綠色卡通龍以及斗大「華埠雪糕行」中文字的頹廢男，還有像是從IG走出來的網美。

　　G線則是紐約唯一沒有進曼哈頓的地鐵線，縱貫布魯克林到皇后區，剛來紐約時還被室友警告這是「幫派列車」，使用率偏低所以車廂數少；現在所經區域布什維克、綠點（Greenpoint）都變身為潮區，當然乘客也頗有看頭，幾乎都是本地人搭乘，比L線多了份悠閒感，唯一要注意的是因為車廂數較少，候車時請往月台中間移動。

華爾街與洋基專車

4
5
6

　　從下城經曼哈頓東邊,到布朗士的4、5、6線,由於沿線經過華爾街及上東城,可說是紐約地鐵的菁英線,雖然上下班時間異常擁擠,但是能夠與人模人樣的銀行家、股市交易員享受「肌膚之親」,也沒啥好抱怨的了。只是如果真的想在地鐵上碰到上東城的百萬富翁俱樂部成員,可就沒這麼容易了,畢竟人家出門是有私家黑頭車接送的。

　　到了週末,洋基隊在紐約又有賽事的話,5、6號線就成了洋基球迷的專車,一家大小穿洋基服、戴洋基帽是標準配備,如果剛好碰到迎戰洋基世仇的波士頓紅襪隊,專程從波士頓來聲援的球迷則占據了車廂的另一半,兩邊可說是水火不容。

[紐約地鐵路線精選]

1

文藝青年風

　　沿線經過西村、上西城及哥倫比亞大學的1線,混合了雅痞、學生及到林肯中心看表演的族群,打扮多數中規中矩但不無聊。

7

聯合國專車

　　到紐約要看聯合國,不如直接搭7號地鐵。從時報廣場出發,沿途經過眾多博物館所在的Long Island City、印度人大本營Jackson Heights,以及波多黎各、哥斯大黎加等中南美洲移民區Woodside、Elmhurst、Corona等,終站到韓國、華人各占一方的Flushing,沿途各色人種上上下下,要見識紐約民族大熔爐最快的方法,就是花1個小時,從頭到尾坐一趟7號車。

觀光列車

　　這幾條路線上的人特色一般，推薦的原因是，它們從曼哈頓到布魯克林時都會經過曼哈頓橋，乘客可將曼哈頓天際線盡收眼底，不同的時間、不同的天氣經過都有迷人的景致，傍晚的夕陽、晚上的夜景、晴空萬里時遠眺自由女神、煙雨濛濛時宛如潑墨山水，永遠讓我在1小時的通勤旅程中有種期待，「今天會看到怎樣的景致呢？」

　　另外值得一提的是Q線，原本的終點站是中城57街，自從2017年1月「2大道地鐵」（Second Avenue Line）開通後，Q線便延伸2大道96街，通車時嶄新的車站與地鐵藝術是百年地鐵難得一見的盛事。而這條「2大道地鐵」可回溯到1919年的擴充計畫，中間幾經延宕，近百年後才完成了三階段的第一階段，能搭到也算榮幸吧！

百老匯・外百老匯
不挑一齣看就不算到過紐約

NY A-Z

Theater

New York

劇|場|紐|約

在紐約，劇場的代名詞就是「百老匯」(Broadway)，很多人來紐約的目的就是為了來看「百老匯」，儘管最高票價已飆漲至375元，但熱門劇碼往往一票難求。記得我在排《獅子王》(The Lion King)站票的時候，和一對從芝加哥來的母女聊天，她們每年都要來紐約看3次戲，雖然芝加哥也有巡迴團演出，但就是要來百老匯看才是原汁原味。

其實「百老匯」並不單指音樂劇，許多話劇也都叫好又叫座。剛來紐約時我曾嘗試去看過話劇，演員演技一流、全場也笑得東倒西歪，偏偏我就是霧煞煞，還是看音樂劇來的輕鬆愉快。現在住久了，看戲偏好隨著年紀及經歷更迭，硬底子演員的獨幕劇反而更吸引我。

有一回朋友因為有友人從台灣來玩，要我推薦她百老匯秀，我推薦她看《阿伊達》，因為音樂好聽、故事感人、場面炫麗，沒想

到我之後問她的看法，她的回答卻是：「太商業化了！」天啊！其實百老匯就是純商業化的產物，戲要夠商業、夠經濟規模，才上得了百老匯。一旦票房不理想就有可能下台一鞠躬，所以要如何雅俗共賞，可是百老匯最大的課題。

即使是創意先行的「外百老匯」（Off Broadway）也很難不商業化，像從1980年代末開演至今歷久不衰的《藍人》（Blue Man Group）不僅出唱片、出書，還拍Intel的廣告，不過多數的「外百老匯」因為劇場規模較小，成本也較低，所以還有玩創意的空間。此外，夠商業的外百老匯也有機會晉升到百老匯，還獲得東尼獎最佳音樂劇的《Q大道》（Avenue Q）就是最典型的例子，商業和藝術還是可以並行不悖的。

至於「外外百老匯」（Off Off Broadway）就像台灣的「實驗劇場」，幾個人就可以搞一齣戲，有些場地只要20個人就客滿了，通常這些戲的檔期都不長。所以，究竟該怎麼挑戲呢？就看你偏愛哪一款囉！

theater new york
theater new york
theater new york

百老匯

Broadway

紐約劇場的代名詞

獅子王

The Lion King

　　從1997年上戲至今，《獅子王》依然場場滿座，氣勢無人擋。這齣迪士尼的戲，以皮影戲、大型動物人偶及艾爾頓強的音樂，風靡了全場大小孩。

http www.lionking.com

冰雪奇緣

Frozen

　　幾乎每個人都會高唱的「Let it Go」，迪士尼另一部席捲票房的動畫也有了百老匯版，不難想像全場一起K歌的激動場面。

http frozenthemusical.com

阿拉丁

Aladin

　　歌好聽、故事易懂、特效很具娛樂性，讓迪士尼在百老匯占了三席之地，神燈、飛毯、愛情，讓阿拉丁在百老匯堂堂邁入第5年。

http www.aladdinthemusical.com

女巫前傳

Wicked

　　改編自《綠野仙蹤》(Wizard of Oz)，保留了童話的純真，卻有著成熟的品味，甚至帶入了對抗法西斯主義的議題，從2003年上映至今依然高人氣。

http wickedthemusical.com

漢密爾頓
Hamilton

人氣超旺型

講述美國開國元老的故事，音樂風格卻是現代嘻哈，演員也以非裔、拉丁裔為主，完全顛覆了「歷史劇」的刻板印象，無怪乎橫掃了2016年的東尼獎，票房、票價也破紀錄，連下午場的票都直逼400元！

http hamiltonmusical.com/new-york

無比驕
Ain't Too Proud

勁歌熱舞型

誘惑合唱團(The Tempatitons)是1960～1970年代美國摩城(Motown)唱片旗下的5人男聲黑人樂團，以優美和聲唱出靈魂藍調精髓，著名曲目如〈My Girl〉以及劇名〈Ain' Too Proud to Beg〉等。而此劇是他們發跡的故事。

http www.ainttooproudmusical.com

哈利波特與被詛咒的孩子
Harry Potter and the Cursed Child

人氣超旺型

哈利波特長大成人之後，變成爆肝的魔法部員工以及3個學齡孩子的爸，會是怎樣的故事呢？由J.K羅琳親自操刀的劇本，在倫敦創下贏得最多劇場Oliver Awards獎項的戲劇，也在紐約拿下了東尼獎，一張票可看上、下兩集。

http www.harrypottertheplay.com/us/the-show

摩門之書
The Book of Mormom

狂妄不羈型

相信台灣人對白襯衫、黑西裝褲、別著名牌的摩門傳教士不陌生，而這齣音樂劇就是描述2名個性迥異的傳教士，到非洲烏干達傳教的故事，別想得太嚴肅，因原創者也創作了「南方四賤客」(South Park)，所以諷刺性十足，笑點也很賤，是2011年東尼獎的最佳音樂劇。若對摩門教有初步了解再看會更入戲。

http bookofmormonbroadway.com

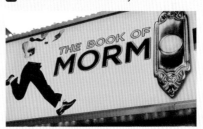

歌劇魅影
The Phantom of the Opera

　　從1988年上演至今，《歌劇魅影》是百老匯最長壽的一齣劇，即便歌曲耳熟能詳、劇情也滾瓜爛熟，且現場演唱也無法超越莎拉布萊曼錄音，但光看舞台換景及Phantom飛來飛去，也值回票價了，而且TKTS半價票亭都有折扣票。

http us.thephantomoftheopera.com

芝加哥
Chicago

　　我先看過百老匯版、再看電影版，突然覺得所有演員的表情都好清楚，才想到我看舞台劇時坐在天花板高的位置，只能看整場的氣勢，不過舞台劇的張力還是遠勝於電影。

http chicagothemusical.com

無眠夜
Sleep No More

　　《無眠夜》其實是屬於外百老匯的秀，但是破百的票價比很多百老匯秀都高，加上這齣以莎士比亞悲劇《馬克白》為藍本的劇是日益走紅的「沉浸式劇場」先驅，目前幾乎場場完售，所以放來這裡介紹不為過。

　　所謂的「沉浸式劇場」簡單說就是觀眾也是演出的一部分，跟著演員全場走動看戲，而場地The McKittrick Hotel是打造出來的5層樓飯店，裡面有上百間房間，換言之，觀眾可以選擇跟任何一個或一群演員進出各種不同主題(酒吧、叢林、墳墓、精神病院等)的房間，跟到的演員不同，看到的東西也不同，無怪乎有人一看再看還不過癮。

http mckittrickhotel.com/sleep-no-more

外百老匯

Off Broadway
創意滿滿的新鮮劇場

藍人
Blue Man Group

出其不意型

從1991年上戲至今，全球已有3千5百萬人看過這3個全身塗滿藍色顏料的人，搞出無數出其不意的笑料，逗得全場不亦樂乎，《藍人》有專屬實驗室開發新點子及道具，無怪乎歷久不衰。

http www.blueman.com

破銅爛鐵
Stomp

出其不意型

看完他們能把鍋碗瓢盆、掃把、垃圾桶都當成樂器用，下次不想作家事時，就把自己當成Stomp的一員吧！

http stomponline.com

裸男來唱歌
Naked Boys Singing

娛樂賣身型

想必是最省戲服費的一齣戲，一群大男孩在台上以最「自然」面貌演出，最早的版本於1999年推出，賣笑也賣身，中斷幾年後，2012年重新登台，犧牲色相這招依然管用，不同的短篇圍繞在性及同志戀情的橋段，除了同志捧場，也吸引了不少準新娘來辦告別單身派對。

http nakedboyssinging.com

澤西男孩
Jersey Boys

百老匯續攤型

敘述1960年代的美聲四人組「四季」(Four Seasons)的藍領發跡、紅透半邊天到陷入危機的過程，劇中多首曲子如〈Sherry〉、〈Can't Take My Eyes of You〉、〈My Eyes Adore You〉等都是一再被翻唱，每個人都會跟著哼唱幾句的曲子。

http www.jerseyboysinfo.com/newyork

陳佳穗
—— HB Studio 畢業，研習表演

　　大學主修音樂，畢業後卻一頭栽入劇場的世界，幾乎做過所有幕後的工作，從幫演員換裝、梳妝、音控到小劇場的執行製作。由於有音樂底子，她在果陀劇場做音控時可說是如魚得水，也曾參與《西哈諾》等大型音樂劇演出，但是心裡那股想站上舞台中央的熱情卻始終燃燒著，「有一次我站在舞台旁，看到黃小琥在台上唱得渾然忘我，當時腦中只有一個想法，我屬於那個位子。」

　　來紐約念表演前，陳佳穗曾在紐約待了2個月、看了近50齣戲，她翻開《Time Out》(紐約的情報誌，見P103)，被一個晚上就有幾十個選擇的紐約劇場生態所震撼，她決定來紐約念表演。

　　由於語言的障礙，多數台灣人來紐約念表演藝術僅限於理論，她卻不怕死的往表演挑戰，吃盡苦頭可想而知，尤其是「發音矯正」課，必須重複念同樣的句子簡直要抓狂，但事後發現幫助真的很大，但發音標準後還得學各式口音才能勝任不同的角色。

　　語言障礙也鬧了不少笑話。有一次課堂練習主題是「床戲過後」，年長的老師故意避開露骨的字眼，而用類似中文裡「敦倫」、「雲雨」的含蓄字眼，陳佳穗不懂一再追問，逼得老師只好很丟臉地把「做愛」兩個字說出來，「當時真的好糗」。

　　在紐約演戲的最大挑戰也是最大收獲，就是能夠和來自世界各地最優秀的人材同場競技，不管是劇場或是電影都因多元的文化撞擊出絢麗的火花。更難得可貴的是，在人人都想出頭天的紐約，陳佳穗這幾年以《馴悍記》中的演出贏得外外百老匯的Spotlight On Award，短片從《Happy Anniversary》則贏得Aegis、Telly及Aurora Awards等3項在業界頗重要的獎，而《Red Shoes》則在翠貝加影展首演，這是第一個台灣演員獲此殊榮。

從紐約回台灣之後

　　陳佳穗後來選擇了回台灣發展，成立了自己的工作室，教戲、導戲、演戲還翻譯劇本，問到紐約對她的影響，她大笑說「沒有紐約就沒有現在的我啊！」對陳佳穗而言，表演教會她人生的所有事，而紐約給了她第二個人格及新人生。

購票撇步

善用折扣票，可以多看好幾齣戲！

■TKTS半價票亭

位於時報廣場的TKTS半價票亭，提供半價至75折的折扣，另加$6的手續費，收現金及信用卡（有極少數的外百老匯秀只收現金）。每天15:00～20:00開賣當天晚上的票（週二為14:00開賣），週三、四、六白天場的票從10:00開始賣到14:00、週日則從11:00開始賣。TKTS每天提供的折扣票，戲碼都不盡相同，這代表你想看的秀當天未必有折扣票（熱門秀如《獅子王》、《女巫前傳》從未出現過），所以最好有幾個備案。

TKTS現在也有APP了，可即時查詢可購買的場次，以及各地點購票等待的時間。

⊠ Broadway與47th St間
➡ P.274／D5

TKTS在下城南街海港還有個分店，買票人潮較少，可購買當天的白天場、晚上場，及隔天的白天場。

⊠ Front St與John St路口
◉ 週一～六11:00～18:00，週日11:00～16:00
➡ P.285／F3

TKTS在林肯中心開了第三個分店，可購買當天的白天場、晚上場，及隔天的白天場。

⊠ David Rubenstein Atrium (61 W 62nd St)
◉ 週一～六12:00～19:00、週日12:00～17:00
➡ P.274／C1

■買Rush Ticket、站票

如果已經打算看某齣戲，不妨直接到該劇院的票亭購買，許多戲有所謂的「Rush Ticket」（開演前的特價補位票，大家都可以買）、「Student RushTicket」（專門給學生的開演前特價補位票，需要出示學生證），以25元左右的票價，坐到前排但視野稍差的位置，十分划算。

《摩門之書》等秀則有「站票」，站在1樓觀眾席的最後排，視野還清楚但得從頭站到尾。通常只有在當天演出門票售罄後才會發售當天的站票，在演出前2小時開始販售，票價27元，每人限購2張，收信用卡及現金。

現在很多演出都有線上抽Rush Ticket（Digital Lottery），每家的規定不盡相同，最大好處是不用到票口填單、等候抽籤，所有的手續包括付款都在網路上完成。Playbill的網站提供了非常詳盡的Rush Ticket購票方式、票價，包含線上抽的網址，每天更新，大推！

操作方式：上www.playbill.com，點選Tickets的下拉選單，選擇Broadway Rush。

■上網、用APP查折扣票

標榜提供折扣票的網站中，Today Tix的APP介面使用起來很友善，可以買當天的折扣票或是30天內的票。

http www.theatermania.com
http www.todaytix.com
http www.broadway.com

Waterfront

NY A-Z

New York

水｜岸｜紐｜約

紐約嚴格來說是個獨立的島，除了布朗士區跟紐約上州相連，其他部分都是獨立的區塊，尤其曼哈頓島被東河及哈德遜河環繞，有著迷人的水岸風情。

　　搭遊河渡輪Circle Line繞曼哈頓島半圈或一圈，加上導遊介紹曼島景點，是體會水岸風情的捷徑；或是搭乘紐約「藍色公路」的渡輪，6條路線短則35分鐘，長則57分鐘，單一價2.75元，其中最精采的路線是從華爾街經布魯克林日落公園到Rockaway海灘的航段，沿途會從曾為世上最長懸吊橋，連結史坦頓島及布魯克林的Verrazano Bridge下出海口，遠眺康尼島，後乘風至Rockaway，夏天時此航班幾乎班班客滿。

想省銀兩的話，從South Ferry搭乘每半小時1班（尖峰時間每15分鐘）的史坦頓島渡輪（Staten Island Ferry）完全免費，自由女神、紐約天際線、盡收眼底。欣賞東河的最佳視野是從空中俯瞰，在東59街搭乘空中纜車（Tram），到羅斯福島（Roosevelt Island），一趟地鐵的價格就可以擁有直昇機的視野。漫步河岸公園，有另一番風味，炎夏的週五傍晚，到砲台公園（Battery Park）聽免費的音樂會；到哈德遜河公園（Hudson River Park）看露天電影、跳探戈；到雀爾喜碼頭（Chelsea Pier）騎單車、划獨木舟；到車輛禁入的總督島（Governors Island）騎單車、野餐；到東河州立公園（East

River State Park）和曼哈天際線面對面；到河畔公園（Riverside Park）溜直排輪、跑步、遛狗，夏天時還有露天Café營業呢！

水岸紐約

暢遊水岸推薦

Circle Line
- ✉ 在83碼頭搭乘（42nd St與哈德遜河交接處）
- 💲 2.5小時環曼哈頓完整行程：成人43元、兒童36元
  1.5小時環曼哈頓精華行程：成人37元、兒童31元
  2小時夜遊行程：成人40元、兒童33元
- MAP P.274／A6

NYC Ferry
6條路線分別到達Rockaway、Soundview、Astoria、下東城、南布魯克林及東河路線
- 💲 2.75元
- http 時刻表請見www.ferry.nyc

Staten Island Ferry
- ➡ 搭地鐵1至South Ferry，或 W、R至Whitehall，或4、5、6至Bowling Green
- 💲 免費
- MAP P.285／E6

羅斯福島空中纜車 The Tram
- ✉ E 59th St與2nd Ave路口
- 🕐 24小時
- 💲 2.75元(地鐵卡通用)
- ➡ 搭地鐵N、R、W至59th St/ Lexington Ave
- MAP P.275／H2

砲台公園 Battery Park
- ➡ 搭地鐵1至South Ferry，或 W、R至Whitehall，或4、5、6至Bowling Green
- MAP P.284／C6

哈德遜河公園 Hudson River Park
- ✉ 從砲台公園一直延伸到59街，占地550英畝

雀爾喜碼頭Chelsea Pier
- ✉ 23rd St與Westside Highway路口
- ➡ 搭地鐵C、E至23rd St
- MAP P.276／A5

總督島Governors Island
- ✉ 位於紐約港口，離曼哈頓下城約10分鐘
- ➡ 渡輪：每年5～10月開放
- MAP P.285／E6 (渡輪搭乘處)

Boat Basin Cafe
- 🕐 4～10月12:00～23:00
- ➡ 搭地鐵1至79th St
- MAP P.272／A4

紐約須知 [A-Z]
Practical Informationt

Airport 機場

紐約市有兩個機場，甘迺迪（John F. Kennedy, JFK）及拉瓜底亞（La Guardia）國際機場，從台灣直飛紐約的華航、長榮都停甘迺迪機場。

從JFK進市區

1. **搭Air Train轉地鐵**：原本計畫直通曼哈頓賓州車站的Air Train，目前還是只到A線的Howard Beach站及E、J、Z線的Sutphin站，從這兩站換搭地鐵到曼哈頓大約還需1個小時左右。Air Train目前單程為5元（研擬漲到7.5元），地鐵票需另計（地鐵資訊見P.268），可以在車站自動售票機買到含Air Train及地鐵單程卡。較快速的方式是搭到Jamica站換乘長島鐵路（Long Island Railroad, LIRR），快車（Express）單程到賓州車站為35分鐘，票價10.5元。

2. **黃色計程車**：到曼哈頓96街為單一費率52元，之後以跳錶計費，小費及紐約州的擁塞費用2.5元另計，此外尖峰時段（平日16:00～20:00，國定假日不計）另加4.5元。

3. **機場巴士 New York Airporter (NYC Express Bus)**：營業時間11:00～19:00，每30分鐘一班，各航廈皆可搭乘，下車點為中央車站、賓州車站、時報廣場，單程18元，可從網路上預訂。
   http www.nycairporter.com

4. **Uber、Lyft叫車APP**：需注意有專門的上車點。

5. **華人電召車**：領完行李後電話叫車（新金馬電召車：718-762-8888），告知所在位置，司機抵達前會電話通知，速度快、服務親切，且叫車時即會報價，比一般叫車APP及黃色計程車便宜。

從LaGuardia進市區

1. **搭巴士**：搭巴士M60 SBS到E125街轉搭4、5、6地鐵，或W125街轉1、2、3、B、C、D。或是搭Q70 SBS到74 St Roosevelt Ave轉地鐵7、E、F、M、R。

2. **黃色計程車**：正常跳錶

3. **機場巴士**：同JFK，票價16元。

4、5.**同JFK**

Bus 巴士

紐約的巴士四通八達，24小時行駛，尤其曼哈頓的巴士班次密集，多數時候還滿準時的。紐約巴士路線的規畫在曼哈頓跟街道關係密切，如M2行駛第二大道、M5走第五大道，M23、M86走23

街、86街，是所謂的「Crosstown Bus」，從東邊橫貫到西邊；不過由於曼哈頓的南北向大道多爲單行道，所以往上城方向的M5要在第六大道上搭乘。

很多遊客不敢搭巴士，是因爲擔心坐過站，或是不知道在哪站下車，這是多慮了，因爲曼哈頓的街道是棋盤式，數字編號一目了然，且巴士平均3～4個街口就會停靠，就算不小心下錯站，也不至於走太遠，且主要路線也加裝了螢幕跟廣播通報站名；此外，搭巴士最大好處是可以順便一覽街景，不像地鐵都藏在地下，而且地鐵卡與巴士通用，單程地鐵2小時內還可以免費轉搭巴士。

特別推薦M4往Uptown方向，從梅西百貨附近32街出發，途經第五大道精品名店區、中央公園、到110街後，轉進哥倫比亞大學門前的Broadway來到哈林區，之後進入華盛頓高地，終點站是修道院博物館。如果搭只停大站的快車（Limited），全程1個半小時、2.75元，就可以一覽紐約風格迥異的區域。

Cab 計程車

紐約的運匠幾乎都是移民，開車以兇猛著稱（雖然在曼哈頓還是行人最大），下車前不管他們有沒有幫你搬行李，都要給至少15%的小費。

Citi bike 城市單車

紐約版的YouBike，幾乎各大地鐵站及主要路口都有，單次騎乘（Single Ride）30分鐘3元，之後每30分鐘收3元；一日券12元，值得注意的是，雖然是一日券，每趟單程不能騎超過30分鐘，如果超過時間，每15分鐘收4元。單程券只能在Citibike及Lyft的APP購買，Lyft APP還可以看到附近的Citibike據點，一日券可在單車站的機器上以信用卡購買。

Credit Card 信用卡

一般商店主要的信用卡都收，有時結帳時商家會問：「Credit or Debit？」回答Credit就對了。

Emergency 緊急事故

發生緊急事故，請撥911，如怕語言不通，可要求中文口譯。紐約警察也隨處可見，可直接要求協助。

Insurance 保險

在紐約如有急症需就診，可選擇不需預約的「緊急照護」（Urgent Care）診所。City MD在紐約有很多間，可上網查詢。由於所費不貲，記得保留帳單明細及診斷書，回台灣後可向健保局及保險公司申請醫療費用。

http www.citymd.com

Money 現金

旅行支票等同於現金，一般規模較大的店都收，但會要求看證件。結匯時盡量結50美元以下面額紙幣，因許多地方不收100美元紙幣（怕收到偽鈔）。

Medicine 醫藥

買藥需要醫生處方箋，一般的感冒藥、胃藥、頭痛藥及維他命等被稱為「開架式藥品」（counter medicine），不在此列。Duane Reade、Walgreene藥妝店在紐約很普遍，不少還24小時營業，價格實在商品齊全。

Postal 郵政

路邊的郵筒可以寄國內、國外郵件，明信片美國境內郵資0.35元，國際郵資（任何國家）1.15元。

Smoke 抽菸

餐廳、酒吧、舞廳、公園等公共場合以全面禁菸（包含電子香菸），抽菸只能在人行道上囉！

Safety 安全

紐約的犯罪率低於美國其他的大城市，在許多歐洲城市時有耳聞的扒手、飛車搶劫等，在紐約也鮮少聽聞，當然出門在外，財不露白還是基本常識，也避免邊走邊低頭滑手機。

Subway 地鐵

票價與購票方式

單程2.75元，不分遠近。販賣機（接受現金及信用卡）及服務亭（只收現金）皆可購票。Metro Card可以購買單次票（Single Ride，限兩小時內使用）3元、回數票（Pay-per Ride）及不限搭乘次數的週期票（Unlimited Ride）。所有首次購買的地鐵票都會加1元的卡費，回數票的面額可自訂（Other Amount）或是直接選擇螢幕出現的金額，回數票可加值（Add Value）。此外，用單程票、回數票搭乘可享2小時內地鐵轉巴士、巴士轉地鐵、巴士轉巴士的轉乘優惠。

週期票有7天33元、30天127元兩種，日期從第一次啓用開始計算，巴士、地鐵皆可無限次使用，唯一要注意的是18分鐘內不可在同一地鐵或巴士線上重複使用。

紐約地鐵也開始推行無卡通行，如果你的信用卡是有「Contactless」（無須碰觸）的功能，即可直接用信用卡或智能手機輕觸玻璃介面扣款2.75元，目前只有4、5、6線從中央車站到Barclays Center中間的16個車站試辦。

搭車注意事項

1.**快車(Express)與慢車(Local)**：快車只停大站，慢車每站都停，兩者間可互相換車。

2.**上城(Uptown)與下城(Downtown)**：在曼哈頓，

Uptown就是往北，Downtown就是往南，但往皇后區及布魯克林則直接找終點站的站名以確定方向。

3. **搭車安全**：紐約地鐵24小時運行，深夜搭車可坐在離服務亭較近的乘客區，待液晶螢幕顯示有車再下月台搭車。避免在尖峰時段（07:00～09:00、17:00～19:00）在聯合廣場、中央車站等大站搭車，月台、車廂皆擁擠到幾乎無法動彈。

Telephone & Wi-Fi
打電話與上網

手機SIM卡建議在台灣先購買，T-mobile的吃到飽方案CP值高所以很受歡迎，在紐約收訊也不錯，價錢及開通方式網路上已有詳細說明，在此不贅述。紐約的Wi-Fi算普及，人行道上隨處可見的LinkNYC塔（還可充電）、地鐵站（車廂內無訊號）及星巴克、麥當勞等都有免費Wi-Fi，Apple Store的網路特快。

Tourist Information
遊客諮詢中心

提供各式遊客資訊及折扣優惠，也可憑駕照或護照換取梅西百貨9折券。

- ✉ 151 W 34th St（梅西百貨內 **MAP** P.277 / D2、E2）
- ⏰ 週一～六10:00～22:00，週日10:00～21:00
- 休 感恩節、聖誕節休息
- ➡ 搭地鐵 N、Q、R、W 到34th St-Harold Square，或 1、2、3 到34 St-Penn Station

Taipei Economic and Cultural Office in New York
駐紐約台北經濟文化辦事處

- ✉ 1 East 42nd St（5th Ave路口）
- ☎ (212)377-7300
  如遇緊急事故，可撥打急難救助電話：(917)743-4546
- ⏰ 週一～五09:00～17:00
- ➡ 搭地鐵 4、5、6、7、S 到42nd St-Grand Central，7 到5th Ave，B、D、F、M 到42nd St-Bryant Park
- **MAP** P.275 / F6

Water 飲水

紐約水質佳，水龍頭打開即可飲用。

Weather 天氣

紐約四季分明，3～5月為春季，偶有乍暖還寒，但綠意盎然。6～8月為夏天，氣候乾熱，太陽要到晚上8、9點才下山。9～11月為秋天，越到深秋楓紅越火。12～2月為冬天，偶有大到讓全市停擺的暴風雪。春、秋因為早晚溫差大，建議洋蔥式穿衣法，圍巾是保暖好物，冬季雖然氣溫低，因室內都有暖氣，不建議穿太厚的內衣，但是一件保暖的外套是必須品。

平均溫度		
月分	平均低溫	平均高溫
1月	-3°	4°
2月	-2°	6°
3月	2°	11°
4月	7°	18°
5月	12°	22°
6月	18°	27°
7月	20°	29°
8月	20°	29°
9月	18°	25°
10月	10°	19°
11月	6°	13°
12月	-0°	7°

1

116th St
2.3

116th St
6

E 118th St.
E 117th St.
E 116th St.
E 115th St.

E 118th St.
E 117th St.
E 116th St.
E 115th St.

哈林區
Harlem

E 113st St.

2

E 112th St.
E 111th St.
E 110th St.

E 112th St.
E 111th St.
E 110th St.

Lenox Ave
Malcolm Blvd
5th Ave
Madison Ave
Park Ave
Lexington Ave
3rd Ave
2nd Ave
1st Ave

110th St
Central Park North
2.3

W 110th St.

110th St
6

E 109th St.
E 108th St.
E 107th St.
E 106th St.

E 109th St.
E 108th St.
E 107th St.
E 106th St.

3

Vanderbilt Gate

E 105th St.
E 104th St.

E 105th St.
E 104th St.

紐約市博物館
Museum of City of New York
E 103rd St.

103rd St
6

E 103rd St.

4

E 102nd St.
E 101st St.

E 102nd St.
E 101st St.

Madison Ave
Park Ave
Lexington Ave
3rd Ave
2nd Ave
1st Ave

E 100th St.
E 99th St.
E 98th St.

E 100th St.
E 99th St.

5th Ave

中央公園
Central Park

上東城
Upper East Side

E 97th St.
E 96th St.

96th St
6

96th St
Q

E 97th St.
E 96th St.

5

6

E 95th St.
E 94th St.
E 93rd St.
E 92nd St.

E 95th St.
E 94th St.
E 93rd St.
E 92nd St.

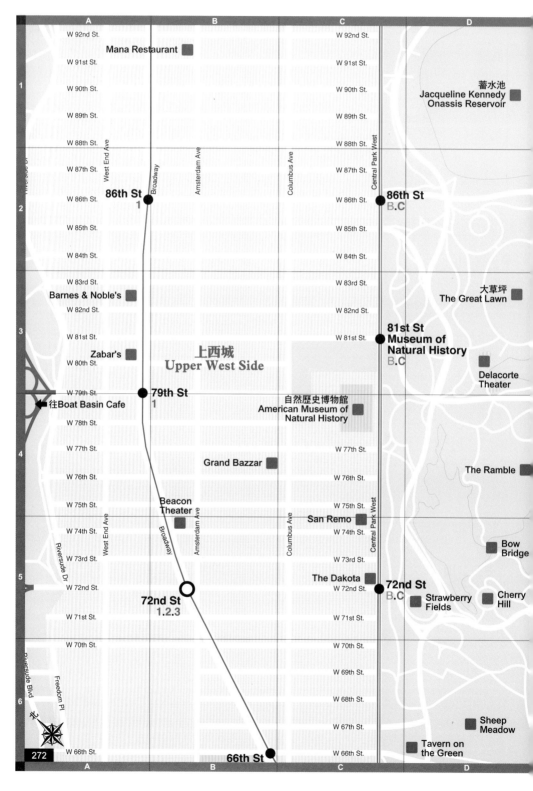

W 92nd St.
W 92nd St.

Mana Restaurant

W 91st St.
W 91st St.

W 90th St.
W 90th St.

蓄水池
Jacqueline Kennedy
Onassis Reservoir

W 89th St.
W 89th St.

West End Ave

Broadway

Amsterdam Ave

Columbus Ave

Central Park West

W 88th St.
W 88th St.

W 87th St.
W 87th St.

86th St
1

W 86th St.
W 86th St.

86th St
B.C

W 85th St.
W 85th St.

W 84th St.
W 84th St.

W 83rd St.
W 83rd St.

大草坪
The Great Lawn

Barnes & Noble's

W 82nd St.
W 82nd St.

81st St
Museum of
Natural History
B.C

W 81st St.
W 81st St.

Zabar's
W 80th St.

上西城
Upper West Side

Delacorte
Theater

W 79th St.

79th St
1

往Boat Basin Cafe

W 78th St.

自然歷史博物館
American Museum of
Natural History

W 77th St.
W 77th St.

The Ramble

Grand Bazzar

W 76th St.
W 76th St.

W 75th St.

Beacon
Theater

W 75th St.

San Remo

W 74th St.
W 74th St.

Bow
Bridge

Riverside Dr

West End Ave

Broadway

Amsterdam Ave

Columbus Ave

Central Park West

W 73rd St.

72nd St
1.2.3

W 72nd St.

The Dakota
W 72nd St.

72nd St
B.C

Strawberry
Fields

Cherry
Hill

W 71st St.
W 71st St.

W 70th St.
W 70th St.

Riverside Blvd

Freedom Pl

W 69th St.

W 68th St.

Sheep
Meadow

W 67th St.

Tavern on
the Green

272

W 66th St.

66th St

W 66th St.

A   B   C   D

E 92nd St.   E 92nd St.

設計博物館
Copper Hewitt, Smithsonian Design Museum
E 91st St.   E 91st St.

E 90th St.   E 90th St.

1

古根漢美術館
Solomon R. Guggenheim Museum
E 89th St.   E 89th St.

E 88th St.   E 88th St.

5th Ave Madison Ave Park Ave Lexington Ave 3rd Ave 2nd Ave 1st Ave

E 87th St.   E 87th St.

○ **86th St**
4.5.6   **86th St** ● Q
E 86th St.   E 86th St.

2

E 85th St.   E 85th St.

E 84th St.   E 84th St.

E 83rd St.   E 83rd St.

大都會博物館
The Metropolitan Museum of Art
E 82nd St.   E 82nd St.

3

E 81st St.   E 81st St.

中央公園
Central Park
E 80th St.   E 80th St.

上東城
Upper East Side

E 79th St.   E 79th St.

E 78th St.   E 78th St.

4

E 77th St.   ●**77th St**
6   E 77th St.

E 76th St.   E 76th St.

Alice in Wonderland
E 75th St.   E 75th St.

The Loeb Boathouse
E 74th St.   E 74th St.

5

5th Ave Madison Ave Park Ave Lexington Ave 3rd Ave 2nd Ave 1st Ave

E 73rd St.   E 73rd St.

畢士大廣場&噴泉
Bethesda Fountain
E 72nd St.   **72nd St** ● Q
E 72nd St.

E 71st St.   E 71st St.

弗列克美術館
The Frick Collection
E 70th St.   E 70th St.

6

The Mall
E 69th St.   E 69th St.

● **68th St**
Hunter College
6
E 68th St.   E 68th St.

Literary Walk
E 67th St.   E 67th St.

E 66th St.   E 66th St.

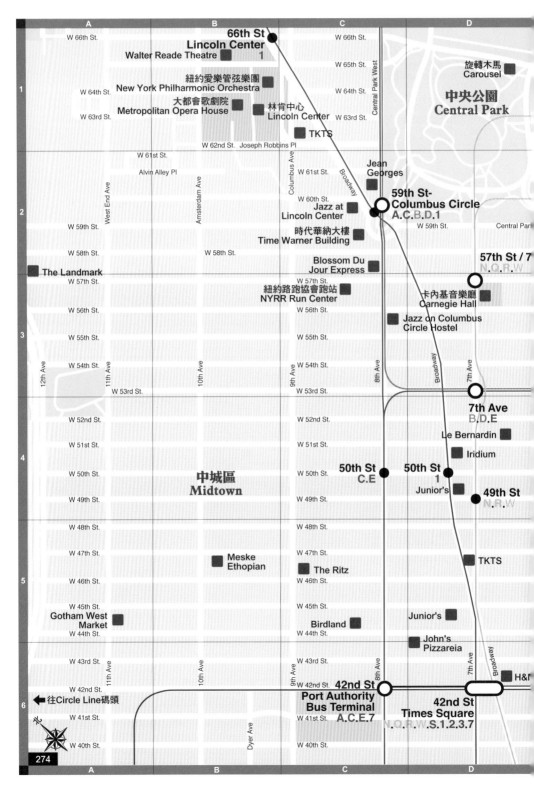

W 40th St.   W 40th St.

W 39th St.   W 39th St.

中城區
Midtown

W 38th St.

W 37th St.

W 36th St.

梅西百貨
Macy's

W 35th St.

34th St
Penn Station
A.C.E

34th St
Hudson Yards 7
7

W 34th St.

34th St
Penn Sta
1.2.3

高線
High Line 7

哈德遜園區
Hudson Yards

W 33rd St.

麥迪遜廣場花園
Madison Sq Garden

W 32nd St.

哈德遜園區
Hudson Yards

肉桂蝸牛
The Cinnamon Snail

W 31st St.

W 30th St.   W 30th St.

W 29th St.   W 29th St.

28th St
1

W 28th St.

時尚博物館
The Museum at FIT

W 27th St.   W 27th St.

W 26th St.   W 26th St.

W 25th St.   W 25th St.

雀爾喜
Chelsea

W 24th St.   W 24th St.

23rd St
C.E

W 23rd St.

23rd St
1

W 22nd St.   W 22nd St.

W 21st St.

W 20th St.   W 20th St.

雀爾喜碼頭
Chelsea Piers

W 19th St.   W 19th St.

18th St
1

W 18th St.   W 18th St.

Book of Wonde

W 17th St.   W 17th St.

肉品包裝區
Meat Packing
District

W 16th St.   W 16th St.

Chelsea Market

W 15th St.

Starbucks
Reserve Roastery

W 14th St.

14th St
1.2.3

Apple
Store

14th St
A.C.E.

8th Ave
L

Jeffrey

Integral Yoga
Institute

W 13th St.   W 13th St.

12th Ave   11th Ave   11th Ave   10th Ave   10th Ave   9th Ave   8th Ave   8th Ave   7th Ave   7th Ave

Dyer Ave

北

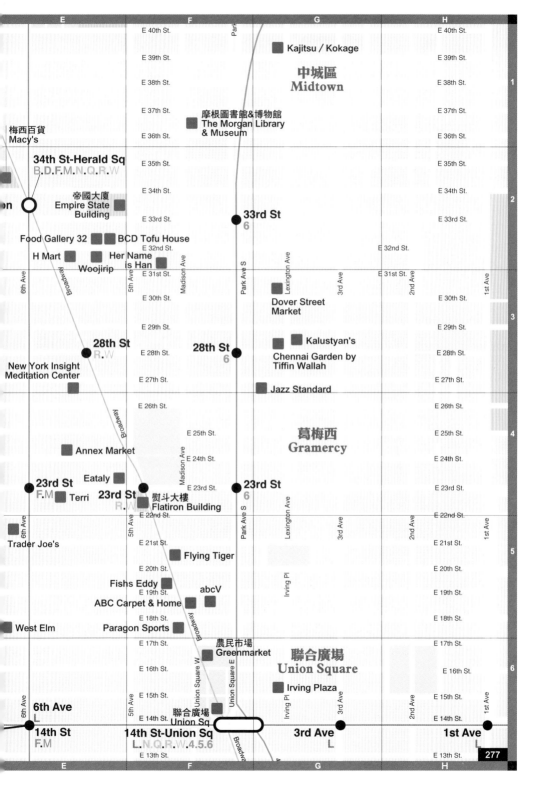

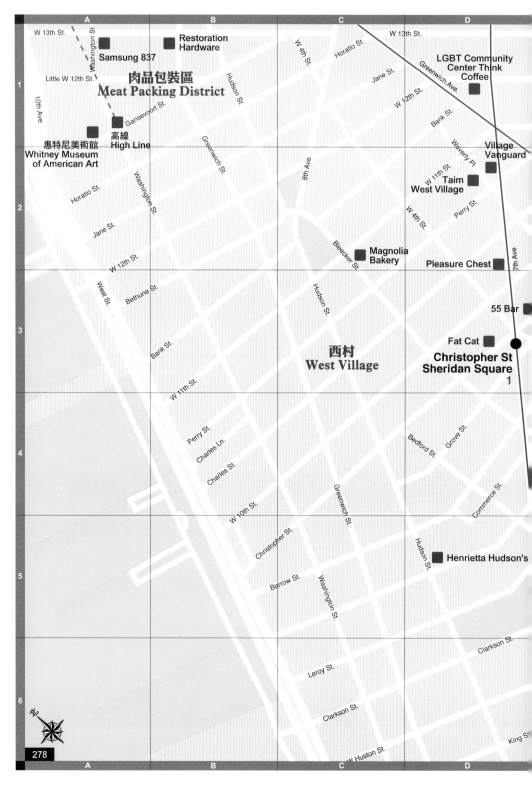

W 13th St.

Washington St.

Restoration
Hardware

Samsung 837

Little W 12th St.

肉品包裝區
Meat Packing District

10th Ave

Hudson St.

高線
High Line

Gansevoort St.

惠特尼美術館
Whitney Museum
of American Art

W 4th St.

Horatio St.

Jane St.

W 13th St.

Greenwich Ave.

LGBT Community
Center Think
Coffee

Greenwich St.

8th Ave

W 12th St.

Bank St.

Waverly Pl.

Village
Vanguard

Horatio St.

Washington St.

Jane St.

W 12th St.

W 4th St.

Taim
West Village

Perry St.

W 11th St.

Bleecker St.

Magnolia
Bakery

Pleasure Chest

7th Ave

West St.

Bethune St.

Hudson St.

55 Bar

Bank St.

西村
West Village

Fat Cat

**Christopher St
Sheridan Square**

1

W 11th St.

Perry St.

Charles Ln.

Charles St.

W 10th St.

Hudson St.

Bedford St.

Grove St.

Commerce St.

Greenwich St.

Christopher St.

Barrow St.

Washington St.

Hudson St.

Henrietta Hudson's

Leroy St.

Clarkson St.

Clarkson St.

King S

北

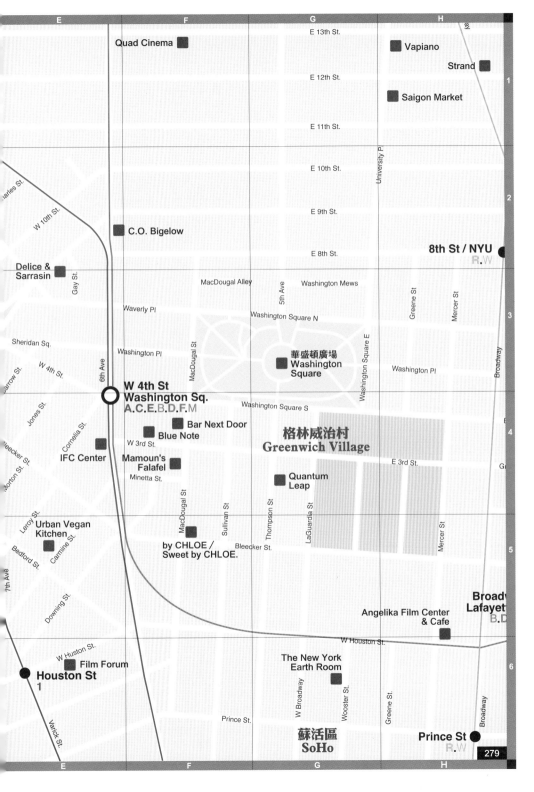

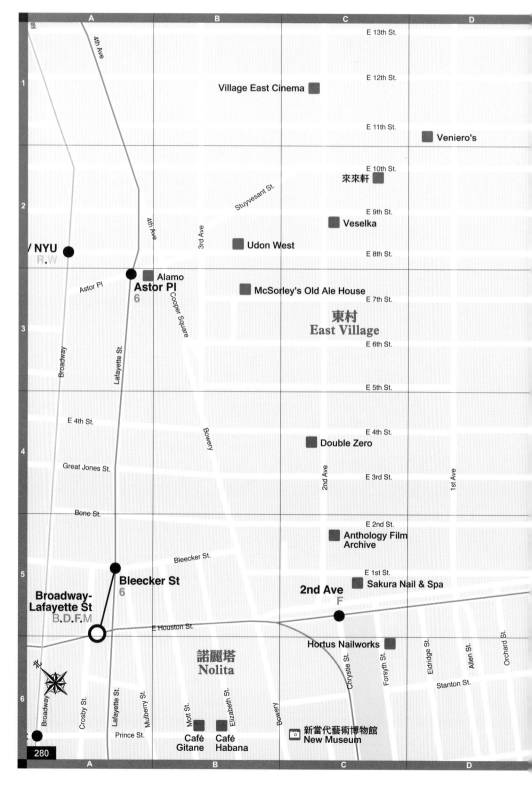

E 13th St.

Avenue A

Avenue B

Avenue C

Avenue D

1

E 12th St.

E 11th St.

Szold Pl

優越漢堡
**Superiority
Burger**

E 10th St.

2

E 9th St.

E 8th St.

■ **Avant Garden**

**字母城
ABC City**

E 7th St.

3

E 6th St.

E 5th St.

Minca ■

E 4th St.

4

E 3rd St.

Avenue A

Avenue B

Avenue C

Avenue D

E 2nd St.

E Huston St.

5

E Houston St.

Columbia St.

Essex St.

Norfolk St.

Suffolk St.

**Ivan
Ramen** ■

Clinton St.

Attorney St.

Ridge St.

Pitt St.

Ludlow S

6

■ **Chillhouse**

**下東城
Lower East Side**

Rivington St.

Rivington St.

■ **Babeland**

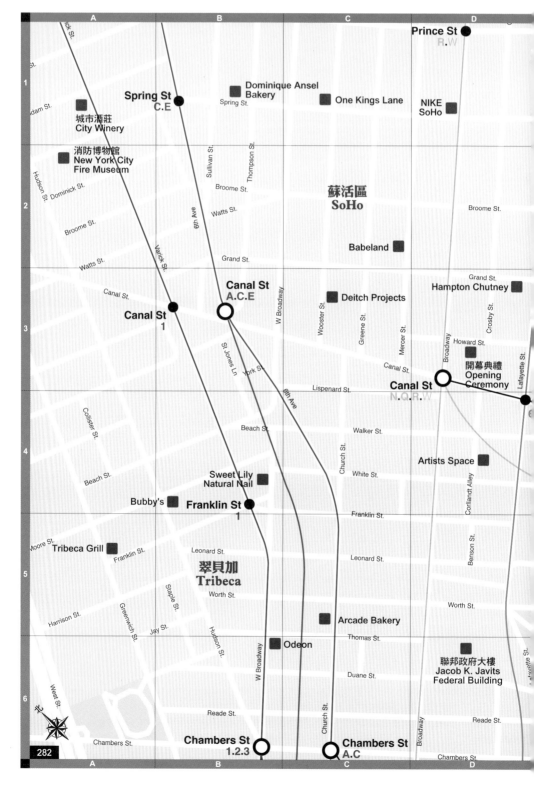

Prince St R.W

Spring St C.E

Dominique Ansel Bakery
Spring St.

One Kings Lane

NIKE SoHo

城市酒莊
City Winery

消防博物館
New York City Fire Museum

Sullivan St.

Thompson St.

Broome St.

6th Ave

Watts St.

Grand St.

蘇活區
SoHo

Broome St.

Babeland

Canal St.

Canal St A.C.E

Deitch Projects

Hampton Chutney

Grand St.

Varick St.

Canal St 1

Wooster St.

Greene St.

Mercer St.

Broadway

Howard St.

Crosby St.

Lafayette St.

開幕典禮
Opening Ceremony

St. Jones Ln

York St.

6th Ave

Lispenard St.

Canal St.

Canal St N.Q.R.W

Collister St.

Beach St.

Walker St.

Church St.

Artists Space

Beach St.

White St.

Corlandt Alley

Sweet Lily Natural Nail

Bubby's

Franklin St 1

Franklin St.

Benson St.

Moore St.

Tribeca Grill

Franklin St.

Leonard St.

Leonard St.

翠貝加
Tribeca

Worth St.

Staple St.

Greenwich St.

Worth St.

Harrison St.

Jay St.

Arcade Bakery

Thomas St.

Hudson St.

W Broadway

Odeon

Church St.

Duane St.

聯邦政府大樓
Jacob K. Javits Federal Building

Lafayette St.

West St.

北

Reade St.

Broadway

Reade St.

Chambers St.

Chambers St 1.2.3

Chambers St A.C

Chambers St.

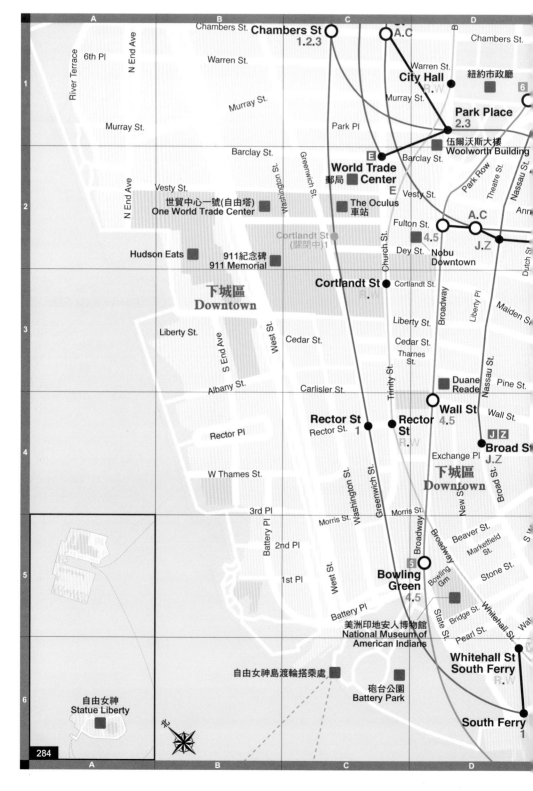

Chambers St.
Chambers St
1.2.3

A.C

Warren St.
6th Pl

N End Ave
River Terrace

Warren St.

City Hall
R.W

紐約市政廳

Murray St.
Chambers St.

Murray St.

Murray St.

Park Place
2.3

6

Park Pl

Barclay St.

伍爾沃斯大樓
Woolworth Building

Murray St.

N End Ave

Washington St.

Greenwich St.

Vesty St.

Barclay St.

E

World Trade Center
郵局

Park Row

Theatre St.

Nassau St.

Ann

世貿中心一號(自由塔)
One World Trade Center

E

The Oculus
車站

Vesty St.

A.C

Fulton St.

Cortlandt St
(關閉中) 1

Church St.

Dey St.

4.5

J.Z

Dutch St.

Hudson Eats

911紀念碑
911 Memorial

Nobu Downtown

下城區
Downtown

Cortlandt St
R.

Cortlandt St.

West St.

Liberty St.

Liberty St.

Broadway

Liberty Pl

Maiden St

Liberty St.

S End Ave

Cedar St.

Cedar St.

Tharnes St.

Pine St.

Nassau St.

Albany St.

Carlisler St.

Trinity St.

Duane Reade

West St.

Rector Pl

Rector St
Rector St. **1**

Rector St
R.W

Wall St

Wall St.

4.5

W Thames St.

Washington St.

Greenwich St.

Exchange Pl

Broad St
J.Z

J Z

下城區
Downtown

3rd Pl

Morris St.

Morris St.

New St.

Broad St.

Battery Pl

2nd Pl

Broadway

Broadway

Beaver St.

Marketfield St.

Stone St.

West St.

1st Pl

5

Bowling Green
4.5

Bowling Grn

State St.

Bridge St.

Whitehall St.

美洲印地安人博物館
National Museum of American Indians

Battery Pl

Pearl St.

Wat

自由女神
Statue Liberty

自由女神島渡輪搭乘處

砲台公園
Battery Park

Whitehall St South Ferry
R.W

South Ferry
1

J M Chambers St
J.Z

Brooklyn Bridge
City Hall
.5.6

Madison St.
Ave of the finest
Frankfort St.
Spruce St.
Pearl St.
Robert F Wagner SR Pl
Brooklyn Bridge
Dover St.

下城區
Downtown

William St.
Gold St.
Pearl St.
Water St.
Front St.
Peck Slip
South St.

Brooklyn Bridge

布魯克林橋
Brooklyn Bridge

Fulton St.

Fulton St
2.3.4.5.A.C.J.Z

John St.
Fulton St.
Pearl St.
Water St.
Front St.
Beekmanr St.

Platt St.
John St.
■ TKTS

Liberty St.
Fletcher St.
Cedar St.
Pearl St.
Maiden Ln

Pine St.

all St
3

Hanover St.
Wall St.
Beaver St.
Front St.
South St.
Pearl St.
Water St.
Gouverneur Ln

Old Slip

Stone St.
oenties
lley

Coenties
Slip E

Broad St.

South St.

■ 總督島渡輪搭乘處
Governors Island Ferry

■ 史坦頓島渡輪搭乘處
Staten Island Ferry

世界主題之旅
133

作　者	張懿文

總 編 輯	張芳玲
編輯部主任	張焙宜
發想企劃	taiya旅遊研究室
企劃編輯	張敏慧
主責編輯	張焙宜
封面設計	許志忠
美術設計	許志忠
地圖繪製	許志忠

太雅出版社
TEL：(02)2882-0755　FAX：(02)2882-1500
E-mail：taiya@morningstar.com.tw
郵政信箱：台北市郵政53-1291號信箱
太雅網址：http://taiya.morningstar.com.tw
購書網址：http://www.morningstar.com.tw
讀者專線：(04)2359-5819 分機230

出 版 者	太雅出版有限公司
	台北市11167劍潭路13號2樓
	行政院新聞局局版台業字第五〇〇四號

總 經 銷	知己圖書股份有限公司
	106台北市辛亥路一段30號9樓
	TEL：(02)2367-2044 / 2367-2047　FAX：(02)2363-5741
	407台中市西屯區工業30路1號
	TEL：(04)2359-5819 FAX：(04)2359-5493
	E-mail：service@morningstar.com.tw
	網路書店 http://www.morningstar.com.tw
	郵政劃撥 15060393(知己圖書股份有限公司)

法律顧問	陳思成律師

印　刷	上好印刷股份有限公司　TEL：(04)2315-0280
裝　訂	大和精緻製訂股份有限公司　TEL：(04)2311-0221

初　版	西元2019年11月01日
定　價	450元

(本書如有破損或缺頁，退換書請寄至：台中市西屯區工業30路1號 太雅出版倉儲部收)

ISBN 978-986-336-354-5
Published by TAIYA Publishing Co.,Ltd.
Printed in Taiwan

國家圖書館出版品預行編目(CIP)資料

紐約客的紐約／張懿文 作 ． ——初版，
　——臺北市：太雅， 2019．11
面； 公分 ．——（世界主題之旅；133）
ISBN 978-986-336-354-5 （平裝）
1.自助旅行 2.美國紐約市
752.71719　　　　　　　　108014347

填線上回函，送 "好禮"

感謝你購買太雅旅遊書籍！填寫線上讀者回函，
好康多多，並可收到太雅電子報、新書及講座資訊。

好康 1

好康 2

每單數月抽10位，送珍藏版
「祝福徽章」

方法：掃QR Code，填寫線上讀者回函，
就有機會獲得珍藏版祝福徽章一份。

填修訂情報，就送精選
「好書一本」

方法：填寫線上讀者回函，並提供使用本
書後的修訂情報，經查證無誤，就送太雅
精選好書一本 (書單詳見回函網站)。

＊同時享有「好康1」的抽獎機會

紐約客的紐約

https://is.gd/Yo6xyj

＊ 「好康1」及「好康2」的獲獎名單，我們會
  於每單數月的10日公布於太雅部落格與太
  雅愛看書粉絲團。

＊ 活動內容請依回函網站爲準。太雅出版社保
  留活動修改、變更、終止之權利。

太雅部落格 http://taiya.morningstar.com.tw

有行動力的旅行，從太雅出版社開始